企业财务管理与会计实践研究

张亚妹 著

延吉·延边大学出版社

图书在版编目（CIP）数据

企业财务管理与会计实践研究 / 张亚妹著. -- 延吉:
延边大学出版社, 2024.4
ISBN 978-7-230-06342-5

I. ①企… II. ①张… III. ①企业管理－财务管理－
研究②企业会计－研究 IV. ①F275

中国国家版本馆CIP数据核字(2024)第072230号

企业财务管理与会计实践研究

著　　者：	张亚妹
责任编辑：	史　雪
封面设计：	文合文化
出版发行：	延边大学出版社
社　　址：	吉林省延吉市公园路 977 号　　邮　编：133002
网　　址：	http://www.ydcbs.com　　E-mail：ydcbs@ydcbs.com
电　　话：	0433-2732435　　传　真：0433-2732434
印　　刷：	廊坊市广阳区九洲印刷厂
开　　本：	710 毫米 ×1000 毫米　1/16
印　　张：	10.75
字　　数：	200 千字
版　　次：	2024 年 4 月第 1 版
印　　次：	2024 年 4 月第 1 次印刷
书　　号：	ISBN 978-7-230-06342-5
定　　价：	78.00 元

前　言

随着全球经济一体化进程加快，企业之间的竞争日益激烈。企业为了生存和发展，必须加强自身的经营管理，而财务管理是企业管理的重要内容。财务管理的核心是企业资本资源的合理配置与有效使用。

21世纪是知识经济迅速发展的时代，企业知识资本的转化及企业通过实践创新而生产的新产品，可为其带来丰厚的收益，而企业财务管理在这个信息化的时代起到了至关重要的作用。长期以来，企业财务管理，无论是其规则、内容还是形式，都发展得较慢。随着市场经济的发展、大数据时代的到来以及金融管理时间和空间的变化，财务管理的功能在一定程度上得到了创新和发展。

本书从企业财务管理和会计两个角度出发，介绍了企业财务管理的特点、目标、模式等内容，以及企业财务分析、企业资本运作风险管理的内容，并分析了企业财务管理的应用，接着重点探讨了现代会计相关知识，并对基于电算化的会计与财务管理和企业财务会计智能化进行了重点探索和研究。

在编写过程中，笔者参阅和引用了国内外有关企业管理方面的相关著作和前沿科研成果，在此一并致谢。书中存在的不足之处，恳请广大读者批评指正。

目 录

第一章　企业财务管理的基础理论 1
  第一节　企业财务管理概述 1
  第二节　企业财务管理的目标 9
  第三节　财务管理在企业管理中的地位与作用 16
  第四节　企业财务管理模式 22
  第五节　企业财务管理体系的构建 27

第二章　企业财务分析 35
  第一节　财务分析概述 35
  第二节　财务分析的依据和方法 38
  第三节　财务综合分析方法 41

第三章　企业资本运作风险管理 52
  第一节　企业融资风险管理 52
  第二节　企业投资风险管理 55
  第三节　企业高风险业务的风险控制 58
  第四节　国有企业资本运作的风险及策略 62

第四章　企业财务管理的应用 67
  第一节　筹资管理 67
  第二节　投资管理 76
  第三节　成本管理 84
  第四节　股利分配管理 86
  第五节　国有企业财务管理应用 90

第五章　现代会计概述 97
  第一节　现代会计的概念 97
  第二节　现代会计的对象、职能与目标 98

第三节　现代会计方法 ·· 104
　　第四节　现代会计环境分析 ·· 107
第六章　基于电算化的会计与财务管理探索 ·· 115
　　第一节　会计电算化概述 ·· 115
　　第二节　会计电算化的发展历程及趋势 ·· 120
　　第三节　会计电算化的组织实施及管理 ·· 125
　　第四节　我国会计电算化的问题及解决对策 ···································· 132
第七章　企业财务会计智能化 ·· 138
　　第一节　财务会计的人工智能化转型 ·· 138
　　第二节　人工智能对财务会计工作的影响 ·· 142
　　第三节　财务智能化趋势下的会计人才培养 ···································· 146
　　第四节　财务会计由信息化向智能化转型发展 ································ 159
参考文献 ·· 165

第一章 企业财务管理的基础理论

第一节 企业财务管理概述

随着以科学技术为主体的知识的生产、分配和使用（消费）在经济发展中所占比例逐年大幅提高，管理显得日益重要。要使科学技术转化为生产力，就必须依靠科学管理。只有科技和管理共同进步与发展，才可能使经济保持快速、健康增长。财务管理作为企业管理的重要组成部分，是关乎资金的获得和有效使用的管理工作，财务管理的质量，直接关系企业的生存与发展。由于企业的生存环境复杂、多变，企业财务管理的观念、目标、内容和模式等都必定受到巨大影响与冲击。

一、企业财务管理的特点

（一）企业财务管理手段智能化

随着计算机辅助管理软件在企业财务管理工作中应用的不断深入，企业财务管理的信息化和数字化程度不断提升，管理手段日趋程序化，管理效率大幅提升。在企业财务管理中，为了排除人为因素的干扰，最大限度地削减管理的随意性和盲目性，企业引入了管理信息系统（MIS），这样，企业财务管理日趋缜密和简化。同时，网络技术的运用使企业财务管理人员可以足不出户对企业财务进行管理，远程财务管理已成现实。

（二）企业财务管理目标多元化

企业财务管理目标是与经济发展紧密相连的，并随着经济形态的转化和社会进步而不断深化。企业的生存与发展依赖员工富有创新性的劳动，为此，企业必须把"员工利益的最大化"纳入其财务管理目标之中，还有与企业关系密切的团体，如债权人、客户、供应商、战略伙伴、潜在的投资者、社会公众等，满足这些团体的利益需要，也是企业财务管理目标的组成部分。同时，专利权、专有技术、商标、商誉、信息等无形资产在企业中所发挥的作用越来越大，由此扩展了资本的范围，改变了资本的结构。而不同的资本所有者对企业均有经济利益方面的要求，这决定了企业的经济利益不仅属于股东，还属于相关利益主体。企业利益主体的多样性和财务管理活动的层次性，决定了财务管理目标的多元化结构和层次性结构，这就要求财务管理目标不能简单等同于以个人利益为主体的个人目标，而是所有参与者利益博弈的结果，即它是所有参与者共同作用和相互妥协的结果，是一个多元化、多层次的目标体系。

（三）企业财务管理战略以生存为先导

企业未来财务活动的发展方向、目标以及实现目标的基本途径和策略是企业财务管理战略关注的重点。企业财务管理战略的总体目标是合理调集、配置和利用资源，谋求企业资金的均衡、有效流动，构建企业核心竞争力，最终实现企业价值最大化。实施企业财务管理战略的价值就在于它能够使企业保持健康的财务状况，有效控制企业的财务风险。在市场经济条件下，资金和人力资源是企业的核心资源，企业一旦陷于困境或破产，人力资源则会重返劳动力市场，难以用来偿债，只有资金类资源才可以用来偿债。这就说明企业的财务管理战略，必须坚持以"生存"为先导，始终保持企业可持续快速发展。

（四）企业财务管理强调科学理财

企业财务管理的地位和作用，因全球经济一体化进程的加快、跨国公司国际投资引起的国际资本流动以及我国货币融资政策的调控而日益突出。企业财务管理人员必须不断吸收先进的财务管理经验并借鉴相关成果，大力增强现代理财意识，以积极的态度掌握和运用理财的创新工具，努力掌握现代理财技巧，助推企业健康、稳步地实现快速发展，最大限度地有效化解企业的生存风险。

一般来说，企业的生存风险主要包括经营风险和金融风险。经营风险主要存在于企业产品的更新换代和新产品的开发与研制方面。金融风险主要表现在企业的发展越来越离不开金融市场。这是因为金融市场的配置效率越来越高（经济全球化的驱使、信息技术快速发展、各种金融工具不断创新、交易费用相对降低），资金的流动性更强，企业可以充分运用金融工具，合理化解金融风险；将闲置资金在金融市场进行科学投资，提高资金的使用效率。这样，企业的生存发展与金融市场息息相关，企业面临的金融风险将更大。在动态的金融环境中，如经常性的利率、汇率的变动等不利于企业的变动很可能使企业陷入困境，乃至破产。在动态的金融市场中，如果投资决策出现失误，可能使企业陷入财务危机。因此，企业财务管理人员必须大力提高理财技能，以保证最大限度地降低财务风险。

（五）企业财务管理对象交叉化

随着我国市场经济的快速稳步发展，社会分工进一步细化，团队协作日显重要。为了更好地适应社会和经济的发展，行业之间、企业之间、企业内部各部门之间的财务管理边界相互"渗透"，即纵向职能部门的财务小团体的组合，横向职能部门的财务组合，还有其他各部门密切协作；客户、供应商以及其他与企业保持利益关系的人员都应该被纳入财务管理对象之列。这样，跟以往相比，企业财务管理对象就呈现出交叉化的特点。交叉化管理不但能充分挖掘本企业的财务潜能，也能充分利用相关单位财务管理方面的积极因素。

（六）企业财务管理具有专业性

成本、利润、资金占用是反映企业经营管理水平的综合指标。而财务状况的好坏和财务管理水平，也制约着企业各个环节、各个部门的工作。财务管理的综合性决定了要做好这项工作，必须解决好两个方面的问题：

一方面，直接从事财务工作的部门和人员，要主动与其他部门密切配合，为实现企业的经济目标和提高经济效益献计献策。财务部门的人员要走出去，把自己的工作渗透到企业管理的各个方面，为其他部门出主意、想办法，开源节流。财务部门应把这项渗透性的工作看作"分内"的事。如果关在屋子里算"死账"，单纯在财务收支上打算盘，甚至以财权去"卡"别人，那么最终将对整个企业的经济效益和各项财务指标的完成产生不利影响。为此，财务人员必须具备较高的素质。他们除了应当通晓财务管理学（这是一门以政治经济学为基础，以数学为支柱，涉及多门学科的专业性经济管理科学）、会计学的专业知识外，还应懂得本企业的生产、技术等知识，对企业的其他专业性管理也应懂得一些。若知识面狭窄，就不能成为一名出色的财务管理人员。

另一方面，企业的各个部门和广大职工，要积极支持、配合财务部门的工作。一个企业要管好财，绝不能只依靠财务部门和少数财务人员，必须依靠企业上下的通力合作。单纯靠财务部门理财，必然是"孤掌难鸣"。人人当家理财，企业才能取得良好发展。其中，最重要的是企业领导者必须重视、支持财务部门的工作，充分发挥财务人员的作用。同时，企业领导者自己也要懂得必要的财务管理知识，起码要做到会看、会分析财务报表，并从中发现企业管理上存在的问题。一个企业领导者，若不懂得财务管理，那么他的知识结构是不完备的，严格地说，这样的领导者是不称职的。

总之，财务管理是企业赖以生存发展的"血脉"，是企业管理最重要的构成部分之一。可以说，成功的企业必定拥有成功的财务管理。准确把握企业财务管理的特点，赢得财务管理优势，必定赢得竞争优势。

二、企业财务管理的内容与应用

所谓财务管理，其实就是对企业的财务活动进行管理。而企业的财务活动包括以下三个过程：资金筹集、资金的投放与使用、资金的收入与分配。由此，财务管理的主要内容可大致分为：筹资管理、投资管理、成本管理和股利分配管理。

在企业生产与经营的过程中，经济核算将系统地对资金占用、生产中的消耗、生产的成果进行记录、核算、控制、探究，达到以较少的资金占用与消耗获得较好的经济效益的目的。可以说，经济核算是一个企业对生产经营活动进行管理的基本原则，也是一个企业用来提高经济效益的重要举措。

现代企业财务管理能促使企业经济核算运行得更加顺利。财务管理就是对企业利用价值形式进行生产、经营等活动的管理。而在经济核算中，对企业生产中的占用、消耗以及成果进行综合比较时，也需要借助价值形式，所以说两者是密切相关的。

经济核算的研究对象是经济效益，其主要是通过财务指标来分析考察企业的经济效益，而这些财务指标包括资金、成本、收入等。经济核算要求对企业生产经营中的占用、消耗、成果进行记录与核算，还包括对比和控制工作，使企业达到增加盈利、提高资金利用率的效果，而这些都需要通过财务管理来实现。财务管理需要利用价值形式来对企业的生产经营活动进行综合性管理，促使企业在生产经营活动中的各个环节都讲求经济效益。

三、企业财务管理的作用

财务管理是企业整个管理工作中的一个重要方面。企业较高的管理水平和较好的经济效益，是同健全的财务管理工作分不开的。很难设想，一个企业资金管理混乱，挥霍浪费，而生产经营活动能够顺利进行；也不能设想，一个企业不讲经济核算，不计消耗，大手大脚，铺张浪费，却能够取得好的经济效益。财务管理在企业管理中的作用主要表现在以下几个方面：

（一）加强财务管理，有计划地组织资金供应，可以使企业的生产经营活动提高资金利用率

企业从事经济活动，必须拥有一定数量的资金购置生产资料、支付职工工资和维持日常开支。企业资金的筹集、组织是由财务活动去实现的，这是财务管理的基本职能或一般要求。财务部门根据企业的生产经营任务，按照节约使用资金的原则，确定必需的资金数量。通过正确地使用银行贷款以及企业内部形成的资金等方式，使企业所需要的资金得到及时供应。通过有计划地调度资金，使企业的资金收支在数量上和时间上保持平衡，保证资金循环、周转畅通无阻。此外，通过经常分析资金在生产经营各个阶段上的占用情况，找出不合理的占用因素，采取措施加速资金周转。

财务管理的作用还在于严格控制、监督各项资金的使用，减少资金占用。财务部门组织资金供应，并不意味着"有求必应"，要多少给多少，更不是说谁想怎么花就怎么花，而是要按照国家政策及企业的财务制度办事，严格控制开支范围和开支标准，在满足需要的前提下力求减少企业生产过程和流通过程中的资金占用，提高资金的利用率。

（二）加强财务管理，是降低劳动消耗、提高经济效益的重要手段

提高经济效益，是要以尽量少的劳动消耗，生产出尽可能多的符合社会需要的产品。提高经济效益是一个大课题，需要多层次、多层面地相互协作才能实现。就企业而言，在确定产品方向，确保产品质量的前提下提高经济效益，就要在降低劳动消耗上下功夫。而财务管理的重要任务，正是合理地使用资金和设备、加强经济核算、挖掘一切潜力等，这些无一不是围绕降低消耗这个目标展开的。财务管理与经济效益之间的密切关系被形象地称为"血缘"关系，不是没有道理的。

财务管理在提高企业的经济效益方面，至少可以发挥三种重要的作用：

1. 反映作用

企业的经营效益状况，是实实在在的东西，不能凭印象，而是要经过详细的、科学的计算和分析才能准确地反映出来。对企业在生产经营过程中原材料的消耗、劳动力价值进行科学的计算，是企业财务管理和会计的固有职能。没有这种扎扎实实的计算，企业经济效益的好坏就无从判断。反映经济效益最重要的信息是财务报表。企业在一个时期花费了多少，盈利了多少，通过财务报表可以看得清清楚楚。

2. 控制监督作用

企业财务部门通过制定财务计划和财务制度，确定各项产品和劳务的成本，规定各种费用标准，严格按照定额和开支标准办事，就能有效地控制消耗水平。否则，原材料消耗和开支便无章可循，会导致任意挥霍浪费，那么提高经济效益就成了一句空话。发挥财务的控制和监督作用，还可以使员工的生产经营活动有一个共同遵守的准则，有利于建立正常的生产管理秩序。这是提高经济效益的需要，也是建设现代化企业所必需的条件。

3. 参谋作用

企业财务部门通过分析资金运动中出现的问题，可以敏锐地发现、揭示出资金运动背后掩盖着的经营管理问题，及时向企业领导或有关部门提出建议。同时，企业财务部门通过分析企业的经济活动，把实际消耗水平与计划水平相比较，能够找出差距和薄弱环节，为企业降低消耗、提高经济效益出谋划策。

（三）加强财务管理，是企业提高经营决策水平的必要措施

随着企业自主权的扩大，企业的生产由面向仓库转为面向市场，产品主要由市场进行调节。生产什么、生产多少，要适应市场的需要，因此，企业的经营决策对企业至关重要。正确的经营决策能够在满足社会和人民群众需要的同时，给企业带来较多的盈利。与此相适应，财务管理也要突破传统观念，提出新的研究课题，开辟新的研究领域。目前，我国有些企业的财务部门，结合实际，学习国外经验，在财务管理方面进行了有益的尝试。他们变静态管理为动态管理，利用有利的条件主动参与企业经营各个环节的预测、组织调节和监督检查工作。由于财务部门的管理职能渗透到经济活动的各个环节中，因而掌握着企业中比较完整、系统的信息。据统计，目前企业管理信息中有相当大一部分来自财会系统，

这就能使财务部门结合市场预测进行不同的定量分析，在得失对比中选择最优比值，为企业领导者决策提供方案。

（四）加强财务管理，对宏观经济也有着重要的意义和作用

这主要表现在，加强财务管理是改善国家财政状况、保证财政收入不断增长的重要途径。企业是国家财政收入的主要来源。我国每年财政收入的90%以上来自税收，而各类企业上缴的税利占全部税收的很大一部分，因此企业的财务状况直接影响、决定着国家的财政状况。企业加强财务管理，对确保国家财政收入有两个作用：第一，如前所述，财务工作做好了，可以有效降低劳动消耗，提高企业的经济效益和盈利水平。在企业与国家的分配比例确定的情况下，企业盈利多了，自己可以多留，国家可以多得。通过发展生产提高经济效益来扩大财源，是增加财政收入的根本出路。企业的经济效益搞上去了，国家的财政收入才能充裕。第二，企业加强财务管理，严格执行国家规定，及时、足额地缴纳税利，可以堵塞财政上的"跑、冒、滴、漏"，从而取得财务管理最佳应用效果。

四、企业财务管理的原则

（一）成本效益原则

企业财务管理关心的不仅是资金的存量、流量，更大程度上是关心资金的增长量。为了满足社会上不断增长的物质和文化生活需要，就要做到经济效益的最大化，即用最小化的劳动占用和劳动消耗，创造出最大化、最优化的劳动成果。从根本上看，劳动占用和劳动消耗都属于资金占用以及成本费用，而劳动成果的表现是营业收入与利润。实行成本效益原则，能够提高企业的经济效益，使投资者权益最大化。

在筹资活动中，会有资金成本率、息税前资金利润率两者间的对比分析问题；在投资决策中，会有各期投资收益额、投资额两者间的对比分析问题；在日常经营活动中，会有营业成本、营业收入两者间的对比分析问题；还有其他的，如设备修理、材料采购、劳务供应、人员培训等，这些项目无不存在经济的得失与对比分析问题。

企业一切成本、费用的产生，都是为了取得最终的收益，这都联系着相应的收益比较问题。对此进行的各方面的财务管理与决策，应当按照成本效益原则来周密分析，因为成本效益原则是各种财务活动中广泛运用的原则。

（二）均衡原则

在财务活动中，收益与风险的高低成正比，高收益的背后往往蕴藏着高风险。比如，对于流动资产的管理，如果企业持有较多的现金，当然可以减少债务风险，从而提高偿债能力，但从另一方面来看，银行利息低则意味着库存现金丧失了收益价值。

无论是投资者还是受资者，都应当谋求收益与风险相适应。要求的收益越高，风险也就越高。不同的企业经营者在面对风险问题时，他们的态度是有所不同的，有人宁愿求稳妥不愿冒较大的风险，有人则甘愿去冒风险而谋求巨额利润。无论市场状况好坏，无论经营者的心理是求稳还是求利，经营者都应当做出全面分析和权衡，选择对自己最有利的方案。企业的经营者都希望提高企业的经济效益，因此要把握均衡原则，利用分散风险的方式来获得均衡，将收益高、风险高的项目与收益低、风险低的项目搭配起来，使风险与收益相互均衡，这样做既能降低风险，又能获得较高的收益。

五、企业财务管理的职能

目前，我国企业财务管理的职能主要有：

1. 决策职能，是指财务管理对企业财务活动的预测、计划、决策等能力。

2. 协调职能，是指财务管理对企业资金的供求具有调节能力，并且对企业资金的使用、消耗具有控制能力。

3. 反馈职能，是指财务管理具有根据反馈信息进行企业财务活动的再管理能力。

4. 监督职能，是指财务管理具有全程保证企业财务活动合法性、合理性的能力。

当然，上述四种职能之间存在着相互作用、相互制约的关系，这四种职能在现代企业财务管理系统中共存并发挥着重要作用。

第二节　企业财务管理的目标

财务管理目标既是财务管理理论结构中的基本要素和行为导向，也是财务管理实践中进行财务决策的出发点和归宿。科学设置财务管理目标，对实现财务管理良性循环和企业长远发展具有重大意义。本节对国内外学者在财务管理目标研究方面的成果进行了总结和归纳，在分析财务管理目标的特征及影响企业财务管理目标实现的因素的基础上，提出了我国现代企业管理目标的最优化选择。

一、财务管理目标概述

（一）财务管理目标的概念

财务管理是在一定的整体目标下，对资产的购置（投资）、资本的融通（筹资）和经营中的现金流量（营运资金），以及利润分配的管理。财务管理是企业管理的一个组成部分，它是根据财经法规制度，按照财务管理的原则，组织企业财务活动，处理财务关系，以让企业实现价值最大化为目的的一项综合性经济管理工作。

（二）财务管理目标研究的意义和重要性

我国的社会经济环境在不断地优化，企业管理的观念和技术也在不断地变化，对最优财务管理目标的讨论从未停止。财务管理目标对一个企业的发展方向在一定程度上起到了决定性的作用，是企业财务运行的原动力。因此，研究财务管理目标这一基本问题对于企业的发展起着不可磨灭的重大的现实意义。

二、财务管理目标的特征

（一）可计量性和可控制性

财务管理是运用经济价值形式对企业的生产经营活动进行管理，所研究的对象是生产和再生产中运动着的价值。所以，财务管理目标也应该可以用各种计量单位计量，以便于控制和考核。

（二）层次性和统一性

层次性又称为可分解性，要求财务管理目标具有层次性是为了把财务管理目标按其主要影响因素分为不同的具体目标。这样，企业就可以结合内部经济责任制度，按照分级分类管理的原则，把实现财务管理目标的责任落实到财务管理活动的不同环节、企业内部的不同部门、不同管理层次或不同责任中心。所谓统一性，是指企业的财务管理目标应能够与制约企业发展且与目标有关的重要矛盾高度统一，将企业的财务管理目标框定在企业管理目标的范围内，协调各利益主体之间的关系，使各方通过充分协商达成一致，利用约束机制和激励机制，发挥各利益主体的向心力和凝聚力，展现企业的活力。

三、影响企业财务管理目标实现的因素

（一）外部因素

其一，国民经济的发展规划和体制改革。企业如能够准确地预见国家经济政策的导向，对理财决策会大有好处。企业如果认真对国家的经济优惠、鼓励和有利倾斜加以研究，按照政策行事，就能趋利除弊。

其二，政府监管措施。政府作为社会管理者，其主要职责是建立一个规范的、公平的企业理财环境，防止企业财务活动中违规违法行为的发生，以维护社会公众的利益。

（二）内部因素

影响企业财务管理目标实现的内部因素是企业战略目标要求。企业财务管理目标的确定应建立在企业目标的基础上，体现企业的要求。企业的目标可概括为生存、发展和获利，三者互为条件、相互依存。

四、企业财务管理目标的最佳选择

企业财务管理目标（又称企业理财目标），是财务管理的一个基本理论，也是评价企业理财活动是否合理有效的标准。目前，我国企业的理财目标有多种，当前较有代表性的企业财务管理目标是企业利润最大化、股东权益最大化和企业价值最大化，但是它们各自存在明显的缺点。随着我国经济体制改革的不断深入和推进，企业的财务管理内容已发生了重大变化。因此，根据当前我国企业财务管理的实际情况，有必要对企业财务管理目标的最佳选择再做探讨。

（一）对三种常见财务管理目标缺点的评述

1. 企业利润最大化目标的缺点

主张把企业利润最大化作为企业财务管理目标的人数不少。但是，它存在以下十分明显的缺点：

（1）未明确企业赚取利润的最终目的是什么，这与财务管理目标应具有的体现社会主义基本经济规律性、统一性和明晰性三个特征不太相符。

（2）未考虑实现利润最大化的时间和资金的时间价值，容易引发经营者不顾企业长远发展而产生短期行为。

（3）未考虑利润产生的风险因素，容易引发经营者不顾风险去追求最大的利润，使企业陷入经营困境或财务困境。

（4）未考虑利润本身的"含金量"，容易误导经营者只顾追求会计利润而忽视现金流量，使企业因现金流量不足而陷入财务困境。

2. 股东权益最大化目标的缺点

其一，股东权益最大化需要通过股票市价最大化来实现，而事实上，影响股价变动的因素不仅包括企业经营业绩，还包括投资者的心理预期及经济政策、政治形势等理财环境，因而具有很大的波动性，易使股东权益最大化失去公正的标准和统一衡量的客观尺度。

其二，经理阶层和股东之间在财务目标上往往存在分歧。

其三，股东权益最大化对规范企业行为、统一员工认识缺乏应有的号召力。人力资本所有者参与企业收益的分配，不仅使人力资本所有者获得了应有的权益，而且实现了企业财富分配原则从货币拥有者向财富创造者的转化，这已成为世界经济发展的一种趋势。

3. 企业价值最大化目标的缺点

企业价值最大化目标在实际工作中可能导致企业所有者与其他利益主体之间的矛盾。企业是所有者的企业，其财富最终归其所有者所有，所以企业价值最大化目标直接反映了企业所有者的利益，是企业所有者所希望实现的利益目标，这可能与其他利益主体如债权人、经理人员、内部职工、社会公众等所希望的利益目标发生矛盾。现代企业理论认为企业是多边契约关系的总和：股东、债权人、经理阶层、一般员工等对企业的发展而言缺一不可，各方面都有自身的利益，共同参与构成企业的利益制衡机制。从这方面讲，只强调一方利益忽视或损害另一方利益是不利于企业长远发展的，而且我国是一个社会主义国家，更加强调职工的实际利益和各项应有的权利，强调社会财富的积累，强调协调各方面的利益，努力实现共同发展和共同富裕。因此，企业价值最大化不符合我国国情。

（二）选择企业财务管理目标的基本原则

1. 利益兼顾原则

企业的利益主体主要有投资人、债权人、经营者、职工、政府和社会公众等。确定企业财务管理的最佳目标，应该全面有效地兼顾这些利益主体的利益，并努力使每一个利益主体的利益都能持续不断地达到最大化。

2. 可持续发展原则

企业财务管理的最佳目标应有利于企业的可持续发展。具体地说，企业财务管理的最佳目标应该能够优化经营上的短期行为，使各个利益主体的利益都能够做到长短结合、有效兼顾，最大限度地保证企业长期、稳定、快速地发展。

3. 计量可控原则

企业财务管理的最佳目标应能被可靠地计量和有效地控制。只有这样，企业财务管理的最佳目标才变得具体化，才具有可操作性，才能进行考核和评价。否则，企业财务管理的最佳目标就会变得虚化而失去意义。

（三）企业财务管理目标的最佳选择是相关者利益持续最大化

一个企业，从产权关系来说它属于投资人，但从利益关系来说它却属于各个利益主体。因此，确定企业财务管理的最佳目标，不能只考虑某一个利益主体的单方面利益，不能只考虑某一时期的利益，要以人为本，确保所有利益主体的共同利益能全面、持续、协调地发展。所以，笔者认为，企业财务管理目标的最佳选择是使相关者利益持续最大化。

1. 内涵

相关者利益持续最大化是指企业采用最佳的财务政策，充分考虑资金的时间价值、风险与报酬的关系、价值与价格的关系、经济利益与社会责任的关系，在保证企业长期稳定发展的基础上，使企业的投资人、债权人、经营者、职工、政府、社会公众乃至供应商和客户的利益都能全面、持续、协调地发展，各自的利益不断达到最大化。

2. 优点

相关者利益持续最大化并不是要忽略投资人的利益，而是兼顾包括投资人在内的各方相关者的利益，在使投资人利益持续最大化的同时，也使其他相关者利益持续达到最大化。也就是将企业财富这块"蛋糕"做到最大的同时，保证每一个相关者所分到的"蛋糕"最多。

它的显著优点是：

（1）更强调风险与报酬的均衡，将风险控制在企业可以承担的范围之内。

（2）能营造企业与投资人之间的利益协调关系，有利于培养安定性投资人。

（3）关心本企业经营者和职工的切身利益，创造优美和谐的工作环境。

（4）不断加强与债权人的联系，凡重大财务决策请债权人参加讨论，培养可靠的资金供应者。

（5）真正关心客户的利益，在新产品的研究和开发上有较高的投入，通过不断推出新产品来尽可能满足顾客的需求，以便保持销售收入长期稳定增长。

（6）讲究信誉，注重企业形象的塑造与宣传。

（7）关心政府有关政策的变化，努力争取参与政府制定政策的有关活动等。

3. 优势

其优势明显反映在特别有利于企业处理好以下三类利益关系：

（1）有利于企业协调投资人与经营者之间的关系

由于信息不对称，投资人无法对经营者的经营行为进行全面的监督，即使技术上可行也会因监督成本过大而难以实施。例如，在目前国家这一投资人（大股东）非人格化的条件下，设立监督机构和监督者对国有企业经营者进行监督，而事实证明，这些监督机构和监督者本身又需要被再监督，但是谁又能说再监督部门不需要被监督呢？所以，在目前我国这种政治体制与所有制形式下，单凭监督很难解决投资人与经营者之间的矛盾，只有采用相关者利益持续最大化作为企业的财务管理目标，在利益分配上采用"分享制"，使经营者与投资人之间利益一致，充分调动经营者的积极性，才能使企业高效运行。

（2）有利于企业协调投资人与职工之间的关系

从根本上说，由于我国实行社会主义市场经济体制，作为国有企业投资人的国家与职工之间的最终利益是一致的，但不可否认，从局部和短期来看，二者在一定程度上是存在矛盾的。过分强调投资人的利益会降低职工的积极性，从而削弱企业的生产力，最终损害投资人的利益；过分强调职工的利益，又会造成企业的长期竞争力受损，造成职工大量下岗的后果。只有同时兼顾二者，才有利于企业长期、稳定发展。

（3）有利于企业协调投资人与债权人之间的关系

以相关者利益持续最大化作为企业的财务目标，让债权人参与企业的经营管理，一方面可以降低债权人的风险，另一方面又可以降低企业的资金成本，提高企业的资产负债比率，使企业充分利用财务杠杆来提高经济效益；而且，当企业面临财务困难时，债权人不仅不会向企业逼债，反而会追加投资，帮助企业渡过难关，在保护自己利益的同时，也保护了投资人的利益，实现了"双赢"。

五、企业财务管理目标的可持续发展

（一）对各种财务管理目标的初步评价

1. 股东财富最大化不符合我国国情

与利润最大化目标相比，股东财富最大化在一定程度上也能够克服企业在追求利润上的短期行为，目标容易量化，易于考核。但是，股东财富最大化的明显缺陷是：股票价格受多种因素的影响，并非都由企业控制，把不可控因素引入理财目标是不合理的。

2. 企业经济增加值率最大化和企业资本可持续有效增值的科学性值得推敲

这两个财务目标采用具体指标来量化评价标准，虽在实践中易于操作，但其指标的科学性尚值得推敲。而且单纯采用数量指标，不能体现财务管理目标的全面性，不能体现理财目标的系统性、综合性特点，企业相关利益人的利益很难体现出来。

根据可持续发展理论，笔者认为从企业长远发展来看，以综合效益最大化替代现存的企业财务管理目标具有现实意义。所谓综合效益最大化，是指企业在承担环境保护等社会责任的前提下，通过合理经营，采用最优的财务策略，谋求经济效益和社会效益的最大化。把综合效益最大化作为企业财务管理目标，其实是企业社会责任的深化。

（二）确立企业实现可持续发展下的财务管理目标应考虑的主要因素

1. 企业财务管理目标的确立应建立在企业目标的基础上，体现企业目标的要求

现代企业的目标可以概括为生存、发展和获利，三者互为条件、相互依存。财务管理是企业对资金运动及其所体现的财务关系的一种管理，具有价值性和综合性特征。作为财务管理出发点和最终归宿的管理目标，应该从价值形态方面体现资金时间价值、风险与收益均衡等观念，反映企业的偿债能力、资产营运能力和盈利能力协调统一，才符合企业目标的要求，从而保证企业目标顺利实现。

2. 企业财务管理目标既要体现企业多边契约关系的特征，又要突出主要方面

企业所有者投入企业的资金时间最长，承担的风险最大，理应享有最多的权益。财务管理目标在体现企业各种成员的利益，使其得到保障的同时，应该突出企业所有者的利益，以适应所有者所处的特殊地位。

3. 企业财务管理目标应符合市场经济发展的规律，体现一定的社会责任

财务管理目标应适应市场经济规律，引导资源流向风险低、收益率高的企业。此外，现代企业作为一种社会存在，其生存发展还要靠社会的支持，因此，财务管理目标应体现一定的社会责任和社会利益，从而树立良好的企业信誉和社会形象，为企业生存创造良好的环境，为谋求长远的发展打下基础。

（三）企业财务管理目标及其优越性

综合考虑上述因素，现代企业科学合理的财务管理目标应该确立为：在担负一定社会责任的基础上，尽可能提高企业权益资本增值率，实现所有者权益价值最大化。这里的所有者权益价值是指所有者权益的市场价值或评估价值，而不是账面价值。以这一目标作为企业的财务管理目标，具有以下优越性：

1. 既充分体现了所有者的权益，又有利于保障债权人、经营者和职工等的利益

企业所有者投入企业的资本是长期的、不能随意抽走的，所有者履行的义务最多，承担的风险最大，理应享有最多的权利和报酬。企业债权人通常与企业签订一系列限制性条款来约束企业的财务活动，以保障获得固定的利息和承担有限的风险，所有者权益价值最大化只有在债权人利益得到保障的基础上才可能实

现。企业经营者的利益与所有者权益是息息相关的，经营者若要得到丰厚的报酬和被长期聘用，就必须致力于实现所有者权益价值最大化，以博得所有者的信任与支持。企业职工的利益同样与所有者权益相关联，如果企业经营不善，所有者权益价值最大化无法实现，职工的收入福利就会受到不利影响。

2. 包含资金时间价值和风险价值，适应企业生存发展的需要

企业权益资本是所有者的长期投资，短期的、暂时的权益资本增值最大化并不是所有者所期望的。实现所有者权益价值最大化，要求权益资本增值长期最大化，需要考虑未来不同时间取得的等额投资收益因时间先后而导致的不同现值，要体现预期投资的时间价值，并在考虑资金时间价值的基础上，注重企业长远利益的增加。实现所有者权益价值最大化，不仅要考虑眼前的获利能力，更要着眼于未来潜在的获利能力，既要规避风险，又要获取收益，实现风险与收益的均衡，从而取得竞争优势，满足企业不断生存发展的需要。

综上所述，只有把投资人、债权人、经营者、职工、政府和社会公众的利益最大化，才能最大限度地促进企业可持续发展。企业应以综合效益最大化作为财务管理的最佳目标，并在财务管理活动中努力兼顾、协调和平衡各方的利益，使投资人、债权人、经营者、职工、政府和社会公众都能从企业的经营活动中获得各自最大的利益，才能最大限度地促进企业可持续发展。

第三节 财务管理在企业管理中的地位与作用

财务管理指的是企业在管理过程中对企业资产进行管理，其主要内容包括企业的投资、融资和对流动资金的管理以及利润的分配等。从财务管理的概念中我们可以发现，财务管理贯穿于企业管理的始终，是企业管理模式中不可缺少的部分。因此，要促进企业长远发展，企业管理人员必须加强对财务管理的重视，做好财务管理工作。然而，我国企业财务管理的实际情况是：部分企业管理者错误地估计了财务管理在整个企业管理中的重要地位和作用，使得企业财务管理无法正确发挥出其效用。因而，目前我国企业的当务之急是重新认识财务管理在企业管理中的重要作用和地位，并积极发挥其有效作用。

一、财务管理在我国企业管理中的地位

（一）符合现代企业制度的要求

我国现代企业制度要求企业要做到"产权清晰""科学管理"和"权责明确"。这三点实质上与企业的财务管理有着密切的联系，要符合现代企业管理制度需要企业领导人充分重视财务管理的重要性。

首先，就"产权清晰"而言，其指的是企业要保证相关的产权关系清晰、明确。在企业管理中，要清晰地处理产权关系需要企业的财务管理部门能够定期对企业的负债情况进行登记、调查和分析，要切实明确负债资金的数目，重新估计资产的价值，对资产的所有权进行重新界定。

其次，就"科学管理"而言，其要求企业在管理过程中要做到科学、合理。企业的管理内容较为丰富，包括对设备的管理、对人力资源的管理以及对生产经营的管理，当然也包括对资产财务的管理以及对技术的管理。只有当企业能够以科学的方式对各个方面进行合理管理，处理好各部门之间的关系，才能算是科学管理。而在这些管理内容中，财务管理部门与其他管理部门均保持着密切的联系，企业的任何一项资产出入以及生产和经营活动均需要通过财务管理反映出来，以便促进企业更好地发展。

最后，就"权责明确"而言，其要求企业清楚企业法人和企业股东之间产权的明确分界。这就要求企业财务管理部门必须对企业资产的经营权以及法人和股东之间的产权关系进行有效管理。

（二）财务管理是企业管理的核心内容

财务管理贯穿企业管理的始终和任何环节之中。企业的主要目的是通过生产和经营活动来获取最高的商业利润。企业的活动，包括生产、投资、融资或资金的流动性管理等，均属于资产的流动情况，最终均将反映在财务管理中。财务管理部门通过对企业一段时间内或者一年的资产出入信息进行收集、整合和处理，能够将企业的收支相对情况和盈利状况反映出来，并且能够分析出企业财务管理中的问题。通过财务管理的财务分析，企业管理者可以对下一阶段的经营决策进行适当调整，以获取更高的经济效益。从这方面来看，财务管理不仅贯穿于企业管理的始终，而且具有其他管理部门无法取代的重要作用。

（三）财务管理与企业其他管理联系密切

财务管理在企业管理中的核心地位要求其与企业其他管理部门必须具有密切的联系，也要求其他管理部门必须依靠财务管理部门的参与才能够有效运转。

首先，这是因为企业的生产和经营活动均需要依靠资产，如企业在进行融资和投资时必须依靠企业的财务管理。

其次，为了获取最大的经济效益，企业在投资或者进行生产经营活动前必须做好相关的投资计划，而投资计划的实行、生产成本的控制则需要企业结合财务管理部门的财务报告进行综合分析。

再次，财务管理部门会对企业的资产进行综合管理，其中包括对企业资金进行预算管理和结算管理，通过财务管理的相关信息整合，企业管理者才能够切实保证企业赢利，促进企业更好地发展。

最后，财务管理部门对企业管理中消耗的资金进行数据统计和分析，这样能够较好地指导企业进行投资再生产，起到扩大再生产、提高经济效益的作用。

二、财务管理对企业管理所发挥的作用

（一）优化经营管理理念，将财务管理的作用充分发挥出来

企业的经营管理活动的最终目的是使经济效益最大化，增加企业的资产。市场经济条件下企业要想取得最高的经济效益，首先要做好的就是财务管理工作，从管理水平和管理效果两方面进行提升，将财务管理的作用充分地发挥出来，保证企业顺利发展。如今的市场环境和市场需求都是变幻莫测的，愈加激烈的市场竞争使得企业的管理者要转变和优化自身的经营管理理念，从企业的实际情况出发来调整或者整合管理方式，提高管理水平。财务管理的过程中管理者要适当地对企业资源进行调整，用于国内外市场的开发，并且从市场发展环境出发找寻适当的投资机会以获得更大的盈利，并且将财务管理预防和控制风险的作用发挥出来，实现企业资金最大化以及企业资金使用最合理化。例如，某个时期投资房地产会获得较大的收益，那么企业可以将闲置的资金投资在房地产项目上，在投资前首先要评估企业投资房地产计划存在的风险，保证企业资金得到有效、有利的使用。企业管理者要跟随企业发展的步伐对自身的管理理念进行更新换代，积极引进新的管理理念并组织学习，在应用先进管理理念的时候要注意与企业的实际

发展情况相结合，真正将企业的管理水平提升上来，这样也就实现了财务管理作用最优的发挥。

（二）构建更为合理的企业财务管理机制

企业的发展和经营活动离不开财务管理机制的帮助，因此不仅要构建财务管理机制，还要保证其完善，这样才能提高财务管理工作的效率和效果，最大化地提升经济效益。例如，企业可以通过财务管理来实现内部的成本控制，降低各项费用支出，从而降低经营成本，这样一来企业可以使用最少的经营成本获得最好的经济效益。企业管理者可以制定具体的激励制度来对员工进行激励，这样不仅可以使员工更加积极地投入工作，还能发挥他们的主观能动性为企业带来利益。通常来说企业管理者会使用财务激励制度，也就是使用金钱或者股权来激励员工，这种财务激励机制是最直接的激励方法，效果也是非常不错的，员工工作的积极性得到了有效的调动。企业管理者通过实践工作可以有效地积攒财务管理经验，从而制定出制度，这对于企业财务管理机制的构建有很大的帮助。对企业的管理机制进行进一步的丰富和完善，可以使财务管理机制更紧密地结合企业的实际情况，从而显著提高企业的经济效益。

（三）提升企业财务管理人员的专业技能

财会工作是企业财务管理工作中的一项重要内容，只有保证财会工作人员良好地完成财会工作，制定出科学合理的财计管理措施，才能保证企业顺利发展。财务管理工作在企业的进步和发展过程中也要有所发展，财会工作人员在负责和执行财务管理工作的时候也需要通过不断的工作实践来提升专业能力，与财务管理工作的要求相适应，并且符合市场环境的要求。例如，某些企业会选择一定时间专门培训其财会工作人员，这样不仅可以使其提高财会工作效率，企业的经济效益也因此得到了提升。同时，财会工作人员也要有不断学习的意识，在闲暇时间有意识地去进行专业知识的学习，适应新的制度变化，这样如果企业制定了全新的财会制度也可以快速适应，顺利且正确地做好企业的财务管理工作，保证自身工作的效率和效果。企业对于员工的培训非常重视，员工也能够积极主动地进行学习，那么员工的专业技能和综合素质自然能得到很大的提升。企业财务管理人员的整体水平提升上来了，企业自然会获得更好的经济和社会两方面的效益。

三、企业在财务管理中需要注意的重要事项

（一）明确财务管理的作用和地位

要切实发挥财务管理在企业管理中的作用，就需要企业领导和管理人员能够明确财务管理的重要作用和其在企业管理中的重要地位。总的来说，财务管理在企业管理中的作用表现为对资金的控制和管理作用，对企业生产和经营活动的预测和规划作用，对企业财政的监督作用以及对企业资本运行的实行作用。只有当企业领导和管理人员明确了解财务管理在企业管理中的重要作用，企业才能够加强对财务管理的重视，制定有效的财务管理制度，切实发挥财务管理的作用。

（二）采取有效措施切实发挥财务管理的作用

第一，要切实发挥财务管理的有效作用，不仅需要企业领导和管理人员加强对财务管理的重视程度，还需要企业领导注重财务管理部门和其他管理部门的联系，使各部门相互协调发展。我国部分企业在财务管理过程中容易出现这样的错误观念，即企业领导和管理人员过于看重对资金的管理，默认财务管理实际上就是对资金的管理，财务管理部门只需要做好与资金相关的管理工作即可。实际上，企业财务管理不仅是对资金的管理，还是对人际关系的管理。只有财务管理部门工作人员与其他部门工作人员联系密切，才能够方便财务管理部门工作人员及时了解最新的财务信息，做好财务报告，为企业的经营和发展提供更加真实有效的财务信息。因此，企业在做好财务管理工作的同时还需要加强财务管理部门和其他管理部门之间的联系。

第二，建立完善的管理制度。要切实发挥企业财务管理的作用还需要企业根据实际情况建立完善的财务管理制度。财务管理制度的建立需要企业明确财务关系、确定财务管理目标，并协调各管理部门的相互关系，规定好财务管理部门工作人员的工作流程等。科学、完善的财务管理制度必须能够适应本企业的现实发展状况，并能切实促进管理部门工作的开展。

第三，提高企业领导人员的风险管理意识。企业在生产和经营活动中有可能遇到各种生产和经营风险。随着社会经济的不断发展，市场经济形势多变，要降低企业的经营风险和财务风险，保证和提高企业的经济效益，企业就必须做好生产经营预算管理工作，并建立资产和生产经营风险预警机制。因此，企业领导和

管理人员在管理过程中必须强化风险管理意识，树立风险观念，在进行经营决策前充分重视预算管理和风险管理工作，并提前制定好风险防御方案，从而减少企业的经济损失。

第四，重视提高财务会计人员的专业素质。要想有效发挥财务管理的作用，不仅需要提高企业领导的重视程度，还需要提高财务会计人员的专业素质。财务会计人员需要具备的专业素质包括：第一，财务会计人员要有丰富的工作经验，对财务会计相关知识包括法律、税务知识有一定的了解和掌握；第二，财务会计管理人员需要掌握更多的现代化管理理念和方式方法，还需要在实践过程中不断提高自身素质，增强自身的协调能力、对突发事件的应变能力和对重大事件的组织管理能力；第三，无论是财务会计工作人员还是财务会计管理人员，其基本职业道德素质要得到一定的保证和提高，要能够切实做到爱岗敬业。因此，为了达到这些人才素质管理标准，企业需要投入大量的时间和精力对财务管理部门人员进行分类培训。培训中企业应该重视培训结果，培训后要采用更加有效的审核方式，切实提高工作人员的综合素质。此外，为了提高财务管理部门工作人员的工作积极性和效率，企业还需要加强对财务管理部门工作人员的管理。建立有效的绩效考核制度和工作问责制度，将财务管理部门工作人员的工作质量与绩效奖金等联系在一起，对工作表现较好的员工进行资金奖励，对表现略差的员工进行相应的惩罚，这样可以较好地鼓励工作人员提高工作质量和效率，促进企业更好地发展。

综上所述，财务管理符合现代企业制度的要求，是企业管理的核心内容，且与企业各种管理关系联系密切。企业提高对财务管理的重视程度可以有效促进企业经济效益的提高，以及对资金进行全面的预算和结算管理，且能够建立有效的运行机制，降低企业的经营风险。而且，企业在财务管理实践中需要明确财务管理的地位和作用，切实发挥财务管理的有效作用，注重财务管理部门和其他管理部门的联系，使各部门相互协调发展。同时，企业要建立完善的管理制度，提高企业领导人员的风险管理意识并重视提高财务会计人员的专业素质。

第四节　企业财务管理模式

现代企业制度的建立以及一些通过资产重组、行业联合、跨行业兼并形成的大型企业的出现，对企业的财务管理模式提出了新的要求。为了加快企业的发展，实现企业科学化管理和运营，必须结合具体的国情以及企业的运营环境，建立科学的企业财务管理模式。

一、企业财务管理模式的类型

企业财务管理模式是企业最常用的一种管理方式，指的是企业母子公司各种权力、政策、制度及管理方式和手段的组合，其实质是母子公司各种权力、责任和关系的分配。最终采取何种模式，企业要根据自身的具体情况来定夺。目前，我国企业财务管理的模式主要可以划分为三类：集权型财务管理模式、分权型财务管理模式和混合型财务管理模式。

（一）集权型财务管理模式

集权型财务管理模式是指母公司对子公司的筹资、投资、利润分配等财务事项拥有绝对的决策权，对子公司的财务数据也统一设置、核算，母公司以直接管理的方式控制子公司的经营活动，各子公司的财务部门自身无自主权。母公司的财务部门是企业财务的"总管"，子公司在财务上被设定为母公司的二级法人。总的来说，母公司拥有子公司所有重大财务决策事项的直接决策权、财务机构的设置权和财务经理人员的任免权。

（二）分权型财务管理模式

分权型财务管理模式是指母公司仅保留对子公司重大财务事项的决策权或审批权，而将除此之外的日常财务决策权与管理权下放到子公司的一种管理模式。对于战术性问题，各子公司自行运作管理，母公司给予宏观指导；对于方向性、战略性问题，母公司必须集中精力搞好市场调研，制定规划，把握发展方向，拥有对子公司的重大财务事项的决策权。

（三）混合型财务管理模式

集权型财务管理模式和分权型财务管理模式的不足催生出一种新的财务管理模式：混合型财务管理模式。这种财务管理模式是一种集权与分权相组合的模式，同时拥有两种模式的优点，又同时尽力克服两种模式的不足。强力控制是这种财务管理模式的要点，它不同于集权模式，并不追求过程管理，而是追求控制点的管理，通过严密的逐级申报、审批制度，发挥企业各级人员的主观能动性，鼓励所有的子公司参与市场竞争，增强了企业的活力和竞争力。

二、三种财务管理模式优缺点的比较分析

（一）集权型财务管理模式的优缺点

1. 集权型财务管理模式的优点

第一，企业可以集中资金完成战略性目标，使全部资金在子公司之间能得到合理配置，达到重点资金应用于重点子公司的目的，加强各子公司之间的合作意识，使企业具有强大的向心力和凝聚力，确保企业战略性目标的实现。第二，企业可以凭借其优质的资产和良好的信誉，进行有效的融资决策。多种融资渠道，拓宽了企业的融资选择空间，保证融资资源足够优质。企业为具备一定条件的子公司提供融资担保，广泛、大量地筹集所需资金，保证整个企业资金流转顺畅，有助于实现企业的战略性目标。第三，企业在税务上实行统一核算和统一纳税，集中缴纳所得税，各子公司不用自负盈亏，将亏损子公司与盈利子公司有机结合在一起，增强整体实力。

2. 集权型财务管理模式的缺点

第一，企业决策信息不灵，容易造成效率低下。第二，决策的灵活性较差，使企业难以适应复杂多变的环境。决策集中且效率降低，容易延误经营的商机。第三，母公司制约了子公司理财的积极性、经营的自主性和创造性，导致企业缺乏活力。第四，集权型财务管理模式不利于现代企业制度的建立，不能规范产权管理行为。第五，企业业绩评价体系无法完善，很难对子公司进行合理的业绩评价。

（二）分权型财务管理模式的优缺点

1. 分权型财务管理模式的优点

分权型财务管理模式和集权型财务管理模式是相对的两种模式，分权型财务管理模式就是为了克服集权型财务管理模式的缺点而产生的。分权型财务管理模式有下列几个优点：第一，该模式能够提高子公司对市场变化的反应速度，增强子公司的灵活性。第二，企业让子公司自行融资，有利于培养子公司的理财能力和风险意识，使之更加谨慎地使用资金、重视资金。第三，子公司充分发挥主观能动性，增强决策的灵活性，使之能够做到紧盯市场，抓住商机，可以创造更多的利润。

2. 分权型财务管理模式的缺点

第一，企业的财务权力受到子公司经营自主权的影响，减弱了企业资金优化和资源配置的能力。第二，分权型财务管理模式可能会导致分权过度，使整个生产经营过程出现矛盾和不协调情况，导致资源重复浪费，削弱企业的竞争力和向心力，不利于企业战略性目标的实现。第三，当企业给予子公司足够的权力，子公司往往会各自为政，财务管理活动脱离企业的初始目标。子公司不规范地使用资金，增加资金的使用数量，削弱资金的利用效率，使企业出现"一盘散沙"的局面。第四，分权使子公司野心膨胀，假如企业监督不力，子公司会出现私自建立小金库的现象。

（三）混合型财务管理模式的优缺点

1. 混合型财务管理模式的优点

混合型财务管理模式是集权型财务管理模式和分权型财务管理模式优点相结合的典范。企业通过统一指挥、统一安排、统一目标，降低行政管理成本，这有利于企业内部所有公司发挥主观能动性，降低企业集体风险与企业资金成本，提高资金使用效率，增强子公司的积极性、向心力、凝聚力和抗风险能力，使决策更加合理化，最终达到努力实现战略性目标的目的。

2. 混合型财务管理模式的缺点

由于不同子公司有各自的经营特点，对于整体利益的影响大小各异，因此企业应有针对性地选择集权或者分权模式，对其财务管理的集权或分权程度必须加以权衡。所以，混合型财务管理模式也存在着一些问题。第一，该模式名义上是集权与分权结合，实质上还是集权型财务管理，因此，仍然不利于发挥子公司的积极性、主动性和创造性。不当的制度和策略，容易使集权型财务管理和分权型财务管理相结合的制度名存实亡，并容易导致内部分化、瓦解，最终解散。第二，如果在实际操作中，各子公司互相推诿、无人监管，将直接导致工作效率下降。

内部关系和管理特征决定了企业必须采用分权型财务管理模式。但为了保证企业的规模效益，加强风险防范意识，又必须重视集权型财务管理模式。把握自身的特点，做出正确的决策和选择，是每个企业的财务管理难题。选择适合的财务管理模式，更是每个企业决策的重中之重。企业选择何种财务管理模式，要具体结合很多因素，如企业母子公司之间的资本情况、具体的业务往来、资源配置情况和母子公司联系的密切程度。综上所述，企业在选择自身的财务管理模式时，不要去考虑其集权与分权的具体程度，而是要找到一个适合自己的，能够促使自身极大发展的模式。

三、影响企业财务管理模式选择的因素

目前，我国企业所采用的集权型、分权型及混合型财务管理模式都有其优缺点，不存在完美无缺的财务管理模式。并且，由于企业所处的市场环境变化莫测，企业选择的财务管理模式也不可能是固定不变的。因此，企业应该充分了解自身情况及所处的市场环境，并据此选择一种合适的财务管理模式。为了选取合适的财务管理模式，企业有必要对财务管理模式的影响因素加以研究。笔者通过对学术界的研究成果的学习、借鉴以及对企业财务管理模式选择经验的总结，选取了以下六种影响因素进行探讨。

（一）财务管理目标对财务管理模式选择的影响

企业的财务管理目标可以简单地分为追求母公司的利益最大化与追求子公司的利益最大化两种。如果企业将财务管理目标定位为追求母公司利益最大化，那么企业将更倾向于选择集权型财务管理模式。相反，追求子公司利益最大化的企业就会优先考虑子公司的利益，倾向于将权力由母公司下放到各个子公司，从而选择分权型财务管理模式。

（二）整体发展战略对财务管理模式选择的影响

企业的发展战略是企业的总设计和总规划。一般来说，企业的整体战略按照

性质的不同可分为发展型、稳定型和收缩型。在企业扩张发展的阶段，企业需要积极鼓励子公司开拓市场，形成新的经济和利润增长点，这时企业的核心管理层应更注重权力的下放。在企业稳定发展的阶段，为了避免企业规模盲目扩张，企业的核心管理层可以从严控制投融资权力的下放，而对于其他权力如生产资金运营权力可以下放给子公司。在收缩型战略的指导下，企业一般会严格地控制资金的使用权，并强调企业内部的高度集权，减少甚至免除子公司的财务决策权。因此，我们可以看出，企业的整体发展战略会直接影响到财务管理模式的选择。

（三）发展阶段对财务管理模式选择的影响

企业在不同的发展阶段呈现不同的经营特征，因此应采用不同的财务管理模式与之相适应。一般而言，企业发展之初组织结构简单、资金活动量较少、业务活动单一，适合采用集权型财务管理模式。因为这种财务管理模式既便于宏观调控和整体战略方案的实施，较好地发挥统一决策和资源整合的优势，又利于提高母公司对子公司的财务控制力，防范经营风险。但是，随着业务的拓展及企业规模的逐渐扩大，企业由初创期进入成长期，集权型财务管理模式的弊端日益显露。在该模式下，子公司没有任何财务权限，这必然会挫伤其经营的积极性和主动性。同时，业务的扩大使得母公司需要处理的事情更为繁杂，过于关注子公司的财务状况势必会牵扯精力，影响母公司宏观统筹能力的发挥。加之，母公司不处于经营活动的"第一现场"，因此不能即时、全面地掌握子公司的经营情况，从而影响其决策的及时性和有效性。为了克服集权型财务管理模式的弊端，企业的核心管理层开始逐渐放权，只保留对子公司重大问题的决策权和审批权。在混合型财务管理模式下，子公司拥有一定的财务决策权，处在经营活动"第一现场"的子公司可以根据瞬息万变的市场情况即时地做出战略调整，抓住赢利的机会，在竞争激烈的市场中能更好地立足。因此，当企业进入成长期，一般会选择混合型财务管理模式。随着企业由成长期转入成熟期，内部的会计制度、监督机制已经相当健全，这时企业就会给予子公司更多的财务自由，采用分权型财务管理模式。但是，为了避免过度放权情况的出现，母公司的高层管理者又会在经营过程中逐渐收权，以此来保证自身的统筹地位。

（四）分、子公司与母公司之间的关系对财务管理模式选择的影响

根据产权关系上的紧密程度不同，企业内部母公司与分、子公司之间的关系

有亲疏之别。对于全资分、子公司，母公司控制其所有的经营、投资、财务决策权力，这种情况下母公司与分、子公司之间适合采用集权型财务管理模式。对于全部或大部分股权被母公司控制的分、子公司，它们只拥有一部分或少量日常经营活动的决策权，这种情况下母公司与分、子公司之间就适合采用偏集权的混合型财务管理模式。对于母公司只持有一部分股份且不构成控股的分、子公司，母公司只有参与决策的权力，这种情况下母公司与分、子公司之间就适合采用偏分权的混合型财务管理模式。对于财务决策上完全不受母公司控制的分、子公司，则比较适合采用完全分权的财务管理模式。

（五）母公司规模及实力对财务管理模式选择的影响

实力弱、规模小的母公司因缺乏足够的资金来源和管理人员，对资源的整合能力弱，往往较多地把决策权交给子公司，实行分权型财务管理模式。实力强、规模较大的母公司，因为拥有较强的经济实力、较多的管理人员和先进的信息化手段，可以实行集权型财务管理模式，通过系统的财务管理体系，控制分、子公司的财务和经营活动。

（六）母公司的文化、管理风格对财务管理模式选择的影响

企业在选择管理模式时，在相当程度上会受到母公司文化和管理风格的影响。企业文化是企业的价值观，是企业在长期经营活动中形成的，是由企业全体员工共同遵守的经营宗旨和行为规范。一方面，如果一个企业的文化趋于保守、自我，那么这个企业则适合选择集权型财务管理模式；如果一个企业的文化趋于开放、民主，那么这个企业则适合选择分权型或适度集权的财务管理模式。另一方面，如果企业文化统一，员工的价值观和行为规范具有较多共性，会有利于实施集中管理；如果企业未形成统一的企业文化，集权管理的效果则会大大降低。

第五节 企业财务管理体系的构建

随着我国社会主义市场经济发展，国企改革深化，现代企业制度这一崭新的企业形式开始在我国建立和完善起来。建立现代企业制度是发展社会化大生产和市场经济的必然要求，并已成为我国国有企业改革的方向。构建现代企业制度，

要把财务管理作为企业管理的中心。这就要转变管理观念，正确认识财务管理在市场体制下的作用，改变"财务就是记账"的错误认识；要积极借鉴西方财务管理理论，探索适应当前市场经济条件下财务管理的方法和机制，盘活国有企业存量资产，实现国有资产的优化配置；要全面高效地建立以财务预算为前提、以资金管理和成本管理为重点、把企业价值最大化作为理财目标并渗透到企业生产经营全过程的财务管理机制。

一、企业财务管理体系的必要性

从当前的情况来看，我国企业财务管理的缺点主要是体系不健全，绝大多数企业仍在沿用传统的方式方法，以记账、算账、报账为主，甚至财务报表的说明都不够真实、准确，不能跟上和适应市场经济的发展和要求。由于企业财务管理体系不健全，决策层无法获得科学、真实、准确、及时的反映企业财务状况及未来发展趋势的信息，致使一些企业由辉煌到倒闭，尤其有些企业的破产纯粹是忽视了财务管理体系或其财务管理体系未起到相应作用而造成的。

二、企业财务管理体系的主要内容

（一）科学的财务管理方法

现代企业的财务管理体系，应根据企业的实际情况和市场需要来制定，包括财务预算管理体系、财务控制体系、监督核查体系、风险管理体系及投资决策等内容。企业的各种管理方法应相互结合，互为补充，共同为实现企业的财务管理战略目标服务。

（二）明确的市场需求预测

企业财务管理是企业管理工作的一部分，企业的整体管理战略是围绕市场进行的，企业财务管理的目标也是通过市场运作来实现的。企业财务管理体系必须准确预测千变万化的市场需求，使企业能够实现长远发展。

（三）准确的会计核算资料

企业的财务管理工作业绩是通过企业会计数据及资料体现的。会计数据及资料是企业财务决策的基础依据，也是企业所有者、债权人、管理者等企业信息使用者做出相关决策的依据。因此，企业会计资料所反映的内容必须真实、完整、准确。

（四）完备的社会诚信机制

现代市场经济的竞争越来越激烈，企业财务管理工作的好坏直接影响企业的竞争力。企业在竞争中要想立于不败之地，企业的管理者和员工在进行财务管理过程中，必须严守惯例和规则，重视产品质量和企业信誉，增强企业的竞争力。因此，企业的财务管理体系要包括产品质量体系、政策法规执行体系等内容。

三、建立财务管理体系要注意的问题

（一）财务管理体系要围绕市场管理进行

财务管理是对企业资金及经营活动进行管理。企业资金是在市场中消耗的，也是在市场中循环后增值并回收的。企业资金投入市场后，只有被市场认可，才可以增值回收，达到资本增值回笼的目的。因此，市场是资本的消耗主体，更是资本的回笼和增值主体。有了市场，资本才能有效运行，财务管理活动才能开展起来，才能够实现企业价值。

（二）财务管理体系要重视资本市场和产品市场

企业的财务管理是通过对企业的资本运作进行规划管理，来为企业的产品市场做大、做强提供保障。在企业财务管理过程中，资本市场和产品市场是有机连在一起的，不能将二者分割开来。传统的财务管理仅限于企业日常的资金管理，而忽视产品市场的管理，将导致财务管理工作与企业发展战略不合拍，在企业的战略发展中不能发挥出财务管理工作的作用。现代企业财务管理要将资本管理与市场管理紧密相连，在企业战略管理中发挥其宏观调控职能。

（三）市场决定资本运作的方向

企业经营离不开资本，资本是企业的血液。企业经营的每一个方面、每一个环节都包含了资本的运作。企业市场规模的大小，决定了企业资本需求量的大小。根据充分满足和效益管理原则，企业的资本应能充分满足企业现有生产经营规模和市场扩充的需要，保证企业的正常经营。企业的市场管理战略决定了其财务管理战略。企业不同时期的市场竞争战略要求财务管理只能配合实施，不能造成过大的资本缺口。同时，以市场为中心的管理机构设置模式，决定了企业财务管理人员的岗位设置和各岗位之间的衔接关系。从企业物流的管理到日常支出控制，财务管理的每一个岗位和环节均应为企业对应的管理重心服务。

四、建立财务管理体系必须遵循的基本原则

（一）货币时间价值原则

财务管理最基本的原则之一就是货币时间价值原则。在企业的资本运营管理中，货币的时间价值是用机会成本来表示的。运用货币时间价值观念，企业项目投资的成本和收益都要以现值的方式表示出来，如果收益现值大于成本现值，则项目可行，反之，则项目不可行。企业进行投资管理时，一定要运用财务管理的货币时间价值原则对项目进行分析论证，保证企业的投资收益，降低企业的投资风险。

（二）系统性原则

企业财务管理体系是由一系列相互联系、相互依存、相互作用的元素为实现某种目的而组成的具有一定功能的复杂统一体，其显著特征就是具有整体性。财务管理是由筹集活动、投资活动和分配活动等相互联系又各自独立的部分组成的有机整体，具有系统性。企业在构建财务管理体系时，必须树立系统观念，把财务管理系统作为企业管理系统的一部分，共同服务于企业管理乃至社会经济。必须树立整体最优观念，各财务管理子系统必须围绕整个企业的财务目标开展工作，不能各自为政。必须坚持整体可行原则，以保证系统的有效运行。

（三）资金合理配置原则

企业在进行财务管理时，必须合理配置企业资金，做到现金收入与现金支出在数量上、时间上达到动态平衡，实现资源优化配置。企业常用的控制资金平衡的方法是现金预算控制。企业根据筹资计划、投资计划、分配计划等经营计划，编制未来一定时期的现金预算，来合理控制企业的资金需求，规避资金风险。同时，企业在进行资本结构决策、投资组合决策、存货管理决策、收益分配比例决策等管理决策时，也必须坚持资金合理配置原则。

（四）成本、收益、风险权衡原则

成本是企业在生产经营过程中产生的各种耗费。企业在进行财务管理决策时，首先要考虑的问题是如何在成本较低的情况下获取最大的财务收益。具有风险性是现代企业财务管理环境的一个重要特征，企业财务管理的每一个环节都不可避免地要面对风险。在财务管理过程中，企业的每项财务决策都面临成本、收益、风险问题，因为三者之间是相互联系、相互制约的。因此，企业的财务方案必须以将风险控制在能够接受的范围内，以较低的成本获取较高的收益为原则。财务管理人员必须坚定贯彻成本、收益、风险平衡原则，以指导各项具体的财务管理活动。

（五）利益关系协调原则

企业在进行财务活动的过程中，一定要协调好与国家、投资者、债权者、经营者、职工等之间的经济利益关系，维护有关各方的合法权益。从这个角度分析，财务管理过程也是一个协调各种利益关系的过程。利益关系协调成功与否，直接关系到财务管理目标的实现程度。企业要运用国家法律规范、企业规章制度、合同、股利、利息、奖金、罚款等经济手段，协调与相关人员的关系。因此，企业要想处理好各项经济利益关系，必须依法进行财务管理，保障各方的合法权益。

五、企业现代财务管理体系的构建

（一）积极借鉴西方财务管理理论，建立有中国特色的企业财务管理体系

西方财务管理理论经过多年的发展和完善，已形成了以财务管理目标为核心的现代财务管理理论体系和以筹资、投资、资金运营和分配为主的财务管理方法体系。我国的国有大中型企业的现状，决定了我们不能照搬套用西方做法，而应积极探索适应我国当前市场经济条件的财务管理内容和方法，吸收利用西方财务管理理论中的先进成分，建立起有中国特色的企业财务管理理论体系。

（二）建立财务预测系统，强化预算管理

预算管理是当今信息社会对财务管理的客观要求。目前我国许多国有企业掌握信息滞后，信息反馈能力较弱，使得财务管理工作显得被动落后。要改变这种

状况，就应在预算上下功夫，根据企业的特点和市场信息，超前做出财务预算，有步骤、有计划地实施财务决策，使财务管理从目前的被动应付和机械算账转变为超前控制和科学理财，编制出一套包括预计资产负债表、损益表和现金流量表在内的预算体系。因此要充分重视以下几项工作：

1. 做好财务信息的收集和分析工作，增强财务的预警能力。企业应注重市场信息的收集和反馈，并根据市场信息的变化安排企业工作，尽可能做到早发现问题，及时处理。

2. 做好证券市场价格变化和企业现金流量变化预测工作，为企业融资和投资提供决策依据，使企业的财务活动在筹资、投资、用资、收益等方面避免盲目性。

3. 做好销售目标利润预测。销售预测是确定全面预算的基础，也是企业制定正确经营决策的重要前提。只有做好销售预测，企业才能合理地安排生产，预测目标利润，编制经营计划。

4. 围绕目标利润编制生产预算、采购预算、人工预算及其他各项预算。企业制定合理的利润目标及编制全面预算，有助于企业开展目标经营，为今后的业绩考评奠定基础。

5. 围绕效益实绩，考核预算结果，分析产生差异的原因，积极采取措施纠正偏差。企业在日常经济活动中必须建立一套完整的日常工作记录和考核责任预算执行情况的信息系统，并将实际数与预算数相比较，借以评价各部门的工作业绩，发现偏差及时纠正，强化会计控制。

（三）增强企业风险意识，强化风险管理

现代社会中，企业的外部环境和市场供求变化莫测，特别是国内外政治经济形势、用户需求和竞争对手等情况，对企业来说都是难以控制的因素，因而企业应重视风险，增强风险意识，分析风险的性质，制定风险对策，减少和分散风险的冲击。为此，企业在经营活动中应注意以下几方面：

1. 在筹资决策上应慎重分析比较，选择最适合的筹资方式，以避免企业陷入债务危机。如果财务杠杆比率过高、借入资金过多，一旦投资利润率下降、利息负担过重，企业的财务安全就会受到威胁。因此，国有企业要加强销售客户的信用调查，合理确定赊销额度，避免呆账损失。

2. 对风险的信号进行监测。企业不仅要对未来的风险进行分析，还要对风险

的信号进行监测。如果企业财务出现一些不正常情况，如存货激增、销售下降、成本上涨等，相关人员要密切关注这些反常情况，及时向企业有关部门反映，以便采取措施，防止出现严重的后果。

3. 制定切实可行的风险对策，防止风险，分散风险，把风险损失降到最小。

（四）建立健全资金管理体系，挖掘内部资金潜力

1. 实行资金管理责任制，抓好内部财务制度建设。企业在财务收支上要实施严格的财务监控制度，强化内部约束机制，合理安排资金调度，确保重点项目的资金需求，提高资金使用效益。

2. 挖掘内部资金潜力，狠抓货款回笼，调整库存结构，压缩存货资金占用，增强企业的支付能力，提高企业信誉。

3. 建立自补资金积累机制，防止费用超支现象。企业按税后利润提取的盈余公积金，可用于补充流动资金。合理制定税后利润分配政策，促进企业自我流动发展。

（五）强化企业成本管理，完善目标成本责任制

目前，我国部分企业存在成本管理能力薄弱、费用支出控制不严等问题。为此，企业提高财务部门对成本的控制水平，搞好成本决策和控制，提高资金营运效益，确保出资者的资金不断增值就显得尤为关键。

1. 树立成本意识，划分成本责任，明确各部门的成本目标和责任，并与职工个人利益挂钩，提高企业的成本竞争能力。

2. 对企业实行全过程的成本控制，包括事前、事中、事后的成本管理。通过研究市场变化，调整成本管理重点，把降低成本建立在科技进步的基础上。

3. 建立严格的内部成本控制制度和牵制制度，切实加强生产经营各环节的成本管理，建立成本报表和信息反馈系统，及时反馈成本管理中存在的问题。

4. 建立以财务为中心的成本考核体系，拓宽成本考核范围，变目前的定额成本法为目标成本核算法。企业不但要考核产品制造成本、质量成本、责任成本，还应考核产品的售前成本和售后的后续成本。

（六）强化内部监控职能，加强财务基础建设

首先，要强化对企业法人代表的管理，真正贯彻责、权、利相结合的原则，

约束其行为。对企业主要负责人应加强任期审计和离任前审计，防止其违反财经政策，损害投资者和债权人的利益。其次，要调整财务部门的组织结构，加大管理会计体系的建设力度，形成会计实务系统和会计管理系统两大部分。财务部门要监督企业已存在的经济业务是否合理合法，是否符合企业各项内部管理制度。最后，要建立快捷灵敏的企业信息网络。企业应逐步建立起以会计数据处理为核心、与销售和财务报表分析等信息系统相连接的信息网络，及时反馈企业生产经营活动的各项信息，发现问题及时处理。

第二章　企业财务分析

第一节　财务分析概述

一、财务分析的含义

财务分析应包括企业一般的和具体的、整体的和部门的、内部的和外部的、目前的和未来的、价值的和非价值的各种与企业经营和投资的过去、现在和未来财务状况相关的分析内容。我们可以将财务分析的基本概念概括为：财务分析是根据企业的经营、财务等各方面的资料，运用一定的分析方法和技术，有效地寻求企业的经营、财务状况变化的原因，正确地解答有关问题的过程。财务分析的职能可以概括为：评价企业以往的经营业绩，衡量企业现在的财务状况，预测企业未来的发展趋势，为企业正确地经营、制定财务决策提供依据。例如，为什么有时企业销售情况良好，但利润增长却十分缓慢？为什么企业利润状况不错，但现金流量却不理想？是什么原因造成企业的成本费用急剧上升，或负债比例持续居高不下？这些问题都要通过财务分析来进行解答。

二、财务分析的意义

财务分析对于企业各方面利益相关者都具有重要意义，无论是企业的投资者、经营者还是债权人，都十分关心财务分析的结果。不同的财务信息使用者所注重的财务分析的结论是不同的，所以他们对财务分析提出的要求也是有区别的，这就必然决定了企业财务分析对于不同的信息使用者具有不同的意义。

（一）从投资者角度看

一般来讲，投资者最注重企业的投资回报率水平，又十分关注企业的风险程度，不但要求了解企业的短期盈利能力，也要求知晓企业长期的发展潜力。所以企业财务分析对投资者具有十分重要的意义。它不但能说明企业的财务目标是否最大限度地实现了，也为投资者做继续投资、追加投资、转移投资、抽回投资等决策提供了最重要的参考依据。如果是上市公司，作为投资者的股东还要了解公司每年的股利的盈利和风险的分析信息，更要求能获得各期动态分析的信息，因为这对制定投资决策更有价值。

（二）从债权者角度看

债权人更多地关心企业的偿债能力，关心企业的资本结构和负债比例，以及企业长短期负债的比例是否合理。一般来讲，短期的债权人更多地注重企业各项流动比率所反映出来的短期偿债能力。而长期债权人则会更多地关注企业的经营方针、投资方向、项目性质等所体现的企业潜在的财务风险和偿债能力；同时，长期债权人也要求了解企业的长期经营方针和发展实力，以及是否具有稳定的盈利水平，因为从这些信息中能够分析出企业是否具有持续偿债能力。所有这些都要通过全面的财务分析才能实现，并要提供具有针对性的财务指标及相关信息。

（三）从经营者角度看

财务分析信息对于提高企业内部的经营管理水平、制定有效的内外部决策具有重要意义。企业外部的利益相关者对企业的影响是间接的，而企业经营管理部门能利用财务分析信息并将其马上应用于管理实务，对促进企业各级管理层管理水平的提高具有重要作用。因此，对企业内部财务分析信息的要求越具体、越深入，越有助于企业的经营管理部门及时了解企业的经营规划和财务、成本等计划的完成情况，并通过分析各种主客观原因，及时采取相应的措施，改善各个环节的管理工作。同时，财务分析信息也是企业内部总结工作业绩、考核各部门经营任务完成情况的重要依据。

（四）从政府角度看

我国对企业有监管职能的主要有工商、税务、财政、审计等政府部门，其也要通过定期了解企业的财务分析信息，把握和判断企业是否按期依法纳税、有无通过虚假财务报告来偷逃国家税款、各项税目的缴纳是否正确等。同时，国家为了维护市场竞争的正常秩序，必然会利用财务分析资料来监督和检查企业在整个经营过程中是否严格地遵循国家规定的各项经济政策、法规和有关制度。

三、财务分析的目的

财务分析的意义是外在的，是不同财务信息使用者赋予它的。而财务分析的目的是内在的，是其本身所具有的。虽然不同人所关心的问题不相同，对财务分析的要求和进行财务分析的目的也必然会有差异，但归纳起来，财务分析的基本目的是从各个方面对企业进行总体的评价，而其他的目的实际上是派生的目标。因此，从评价的角度看，财务分析具有以下几项基本目的：

（一）对企业的财务情况进行评价

财务分析应根据财务报表、成本报表等综合核算资料，对企业整体和各个方面的财务状况进行综合和细致的分析，并对企业的财务状况做出评价。财务分析应全面了解企业资产的流动状态是否正常，说明企业长短期的偿债能力是否充分，从而评价企业的长短期财务风险和经营风险，为企业投资人和管理部门提供有用的决策信息。

（二）对企业的资产管理水平进行评价

企业资产作为企业生产经营活动的经济资源，其管理效率的高低直接影响企业的盈利能力和偿债能力，也表明了企业综合经营管理水平的高低。财务分析应对企业资产的占用、配置、利用水平、周转状态等进行全面且细致的分析，不能只看总体的管理水平，也要看相对的收益能力；不能只看现在的盈利状况，也要看其对企业长远发展的促进作用。

（三）对企业的盈利能力进行评价

一个企业是否长期具有良好和持续的盈利能力是企业综合素质的基本表现。企业要生存和发展，就必须能获得较高的利润，这样才能在激烈的竞争中立于不败之地。企业的投资者、债权人和经营者都十分关心企业的盈利能力，只有盈利能力强的企业才能保持良好的偿债能力。财务分析应从整体、部门和不同项目对企业的盈利能力进行深入分析和全面评价，不但要看绝对数，也应看相对数，不但要看目前的盈利水平，还要比较过去和预测未来的盈利水平。

（四）对企业的未来发展能力进行评价

无论是企业的投资人、债权者，还是企业管理部门，都十分关心企业的未来发展能力，因为这不但关系到企业的命运，也直接与他们的切身利益相关。只有通过全面、深入、细致的财务分析，才能对企业未来的发展趋势进行正确的评价。在企业财务分析中，应根据企业的偿债能力、盈利能力、资产管理质量、成本费用控制水平以及企业其他相关的财务和经营方面的各项数据，对企业的中长期经营前景进行合理的预测和正确的评价。这不但能为企业管理部门、投资人等的决策提供重要的依据，也能避免由于决策失误而给企业造成重大损失。

第二节 财务分析的依据和方法

一、财务分析的依据

财务分析的依据也就是财务分析的基础，主要是指财务分析的各种资料来源。只有基础资料充分、准确、完整，并能有效地按照不同的分析目的进行归类和整理，才能确保财务分析信息真实、可靠，所以充分、准确的财务资料是做出高质量财务分析的重要前提。财务分析的基础资料主要有企业的基本财务报表、财务状况说明书、企业内部管理报表、上市公司披露的信息资料、外部评价报告、分析评价标准等。

财务分析需要从大量客观的财务数据中得出结论，主要依据是企业的各种财务报表，其中，最主要的是企业的资产负债表、利润表和现金流量表。

（一）资产负债表

资产负债表是反映企业某一时期财务状况的会计报表，可以看成企业的会计人员在某一特定时间点上对企业会计实体的价值所做的一次统计。

资产负债表是一张静态报表，它反映的是报表日企业的财务状况。利用资产负债表，可以分析和评价企业资产的分布情况和资金的营运情况是否合理，以及企业的资本结构是否正常。资产负债表分析主要能为企业提供资产的流动性和变现能力、长短期负债结构和偿债能力、权益资本组成和资本结构、企业潜在财务风险等信息。同时，该表也为分析企业盈利能力和资产管理水平、评价企业经营业绩提供了依据。

（二）利润表

利润表是反映企业一定时期经营成果的会计报表，它是一张动态报表，反映了企业整个经营期的盈利或亏损情况。一般利润表分为四个部分，按照净利润的实现程序依次排列，主要是营业收入、营业利润、利润总额和税后净利润。利润表的最后一项是净利润，对于上市公司而言，净利润常常被表示成每股收益的形式，即每股的净利润是多少。

利润表可以为财务分析提供以下资料：反映企业财务成果实现和构成的情况，分析企业的盈利目标是否完成，评价其经营活动的绩效；与资产负债表有关项目进行比较，能计算企业所占与所得、成本费用与所得的比率关系，为投资者分析资本的获利能力、为债权人分析债务的安全性、为管理部门分析企业资产利用水平提供资料。

（三）现金流量表

现金流量表是反映企业一定时期内现金流入、现金流出及现金增减变动原因的会计报表。现金流量表主要包括三大部分：企业经营活动产生的现金流量、企业投资活动产生的现金流量和企业筹资活动产生的现金流量，有时也会单列某些（如汇率变化）特殊事项引起的现金流量变动。

现金流量表能向财务分析者提供以下资料：反映企业各类现金流入和流出的具体情况，说明企业当前现金流量增减变化的原因，为评价企业现金流量状态是否合理、未来是否有良好的赚取现金的能力和偿还债务及支付股利的能力提供依据；同时，该表提供了本期损益与现金流量比较分析的相关资料，以及企业各类相关的理财活动的财务信息。

二、财务分析的方法

一般来说，财务分析通常包括定性分析和定量分析两种类型。定性分析是指报表分析主体根据自己的知识、经验以及对企业的经营活动、外部环境的了解所做出的非量化的分析和评价。定量分析则是指财务分析主体采用一定的数学方法和分析工具对有关指标所做出的量化分析。财务分析主体应根据分析的目的和要求，以定性分析为基础和前提，以定量分析为工具和手段，透过数字看本质，正确地评价企业的财务状况和经营成果；定性分析更多要靠主观判断，因而应坚持以定量分析为主。

常用的定量分析方法有比较分析法、比率分析法和因素分析法等。

（一）比较分析法

比较分析法是对两个或两个以上有关的可比数据进行对比，揭示差异和矛盾的一种分析方法。比较的标准如下：

1. 与本企业的历史数据相比，即与不同时期的指标相比，也称"趋势分析"。
2. 与同类企业相比，即与行业平均数或竞争对手相比，也称"横向比较"。
3. 与计划预算相比，即实际执行结果与计划指标相比，也称"预算差异分析"。

采用这种比较方法时，要注意指标之间的可比性，计算口径、计算基础和计算期限都应尽可能保持一致。

（二）比率分析法

在评价企业历史的盈利能力、偿债能力、现金保障能力及其未来变动趋势时，经常用到比率分析法。通过比率分析法能够反映出会计报表上数据之间的相互关系。这一方法，按照分析的对象不同可以分为以下三类：

1. 结构比率分析

结构比率分析，又称"比重比较分析"。它研究的是某一总体中，每一部分占总体结构的比重，用以观察和了解总体内容的构成和变化的影响程度，把握经济事项发展的规律。结构比率分析可运用于会计报表分析，有时也称"垂直分析"，如分析总资产的构成和总负债的构成及变化，也可以运用于利润表的利润总额分析。

2. 相关比率分析

将两个性质不同，但在财务活动中互相关联的指标进行对比，求出的比率即为相关比率。例如，销售利润率是将利润和企业实现的营业收入这两个性质不同但有联系的指标相比而得到的，它能反映企业营业收入的获利水平以及总体的盈利能力。因此，相关比率分析能使企业管理者更深入地了解企业的财务状况。财务分析中运用的销售利润率、负债比率、总资产收益率、流动比率、速动比率等指标都是相关比率分析。

3. 趋势比率分析

趋势比率分析可以揭示出财务指标的变化及其发展趋势。它是对某项财务指标不同时期的数值进行对比，求出比率。趋势比率分析主要有两种形式，分别为定基动态比率分析和环比动态比率分析。

定基动态比率分析是指采用基期标准或标准保持不变，将各期的实际数与其进行持续比较，来揭示经济事项的变化规律和发展趋势的方法。

环比动态比率分析是指持续地把某项经济指标的本期实际数与上一期实际数进行比较，不断计算相对于上一期的变动率，以了解该经济事项的连续变化趋势。

在进行趋势比率分析时应注意以下三个问题：一是既可以采用绝对数进行比较，也可以采用相对数进行比较；二是用于比较的不同时期的经济指标，在计算口径上应保持一致，以确保分析的质量；三是要特别注意一些重大经济事项对不同期财务指标造成的影响。

（三）因素分析法

在企业的经营活动过程中，各类财务指标具有高度的综合性，一个财务指标变动往往是由多种因素共同影响的结果。这些因素同方向或反方向的变动对财务指标有着重要的作用。因素分析法是从数值上测定各个相互联系的因素变动对有关财务指标的影响程度的一种分析方法。

连环替代法是因素分析法的基本形式。它是根据财务指标构成和不同的分析目标，将各因素用分析值替代，计算出各因素变动对整个财务指标的影响程度的方法。

我们在运用因素分析法时，要注意其顺序性和假定性。各因素变动替代的顺序不同，计算的各项影响值也不同。此外，在分析时，研究某因素变动的影响，要假设其他因素不变，因此分析结果具有假定性。

第三节　财务综合分析方法

利用财务比率进行财务分析，虽然可以了解企业各个方面的财务状况，但无法反映企业各方面财务状况之间的关系，因为每个财务分析指标都是从某一特定的角度对财务状况及经营成果进行分析，但都不足以用来评价企业的整体财务状况。为了弥补这方面的不足，在掌握了财务分析的内容和方法的基础上，本节介绍财务综合分析方法，它将企业的营运能力、偿债能力、盈利能力、发展能力等诸方面因素纳入一个网络之中，对企业的经营状况进行全面、系统的分析，找出症结所在，为企业制定政策提供参考。

一、杜邦分析法

杜邦分析法是最先由美国杜邦公司采用的财务分析方法，故得此名。它是利用几种主要的财务比率之间的关系来综合分析企业财务状况的一种方法。其实杜邦分析法本身的原理是比较简单的，关键是这种分析方法告诉了我们基本的综合财务分析的原理和指标之间的关系是如何构成的，通过杜邦分析法可将以往的简单分析逐步引入到财务综合分析的领域。

（一）传统杜邦分析体系概述

在传统杜邦分析体系中，净资产收益率是一个综合性最强、最具代表性的指标，是杜邦分析体系的核心，该指标的高低取决于总资产净利率与权益乘数。其中，总资产净利率反映企业的经营能力，权益乘数即财务杠杆，反映企业的财务政策。

权益净利率 = 总资产净利率 × 权益乘数

= 销售净利率 × 总资产周转率 × 权益乘数

权益乘数主要受资产负债率的影响。负债率大，权益乘数就高，说明企业的负债程度较高，给企业带来了较多的杠杆利益，也给企业带来了较多的风险。企业既要充分有效地利用全部资产提高资产利用效率，又要妥善安排资本结构。

销售净利率是净利润与营业收入之比，它是反映企业盈利能力的重要指标。提高这一比率的途径有提高营业收入、降低成本费用等。

总资产周转率是营业收入与平均资产总额的比值，是反映企业运用资产以产生营业收入能力的指标。对总资产周转率的分析，除对资产构成部分在总占有量上是否合理进行分析外，还可通过对流动资产周转率、存货周转率、应收账款周转率等有关资产使用效率指标进行分析，判明影响资金周转的主要问题所在。

杜邦分析法的基本内容，如图2-1所示。

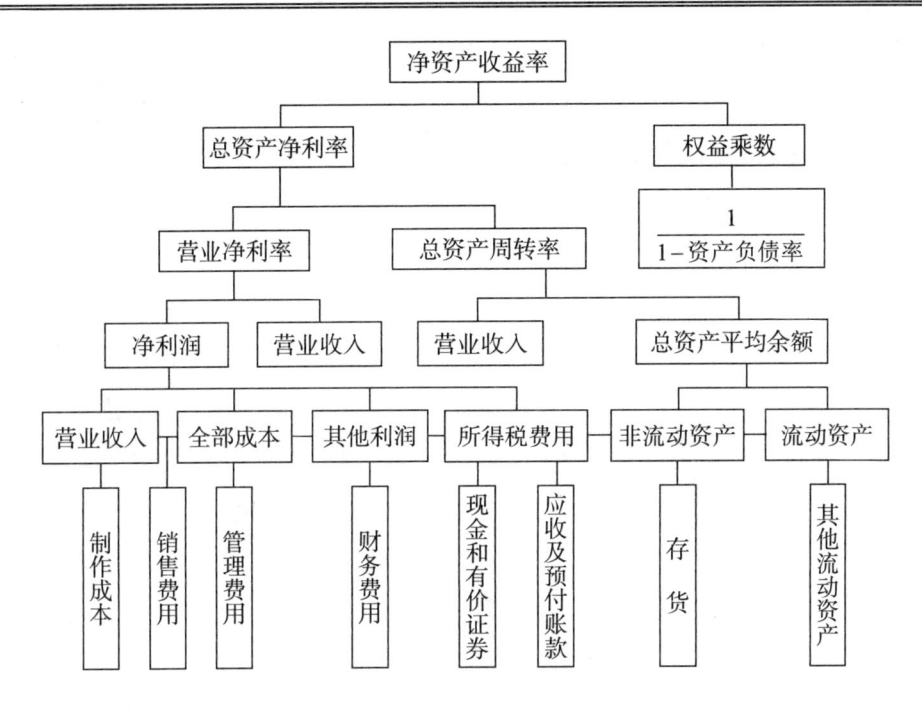

图 2-1 杜邦分析法示意图

其中：

净资产收益率 = 总资产净利率 × 权益乘数

$$= \frac{净利润}{净资产平均余额}$$

$$权益乘数 = \frac{1}{1-资产负债率} = \frac{总资产平均余额}{净资产平均余额}$$

$$资产负债率 = \frac{负债平均余额}{总资产平均余额}$$

总资产净利率 = 营业净利率 × 总资产周转率

$$营业净利率 = \frac{净利润}{营业收入}$$

$$总资产周转率 = \frac{营业收入}{总资产平均余额}$$

（二）权益净利率的驱动因素分解

在具体运用杜邦分析体系进行分析时，一般采用因素分析法，根据净资产收益率与销售净利率、总资产周转率、权益乘数的关系，分别计算后三项指标的变动对净资产收益率的影响程度，还可以使用因素分析法进一步分解各个指标，分解的目的是识别引起变动（或产生差距）的原因，并衡量其重要性。通过与上年比较可以识别变动的趋势，通过与同业比较可以识别存在的差距，为后续分析指明方向。

在杜邦分析体系中，各项财务比率在每个层次上与本企业历史或同行业的财务比率进行比较，比较之后再向下一级分解。这样逐级向下分解，就能逐步覆盖企业经营活动的每一个环节。

第一层次的分解，是把净资产收益率分解为总资产净利率和权益乘数。第二层次的分解，是把总资产净利率分解为营业净利率和总资产周转率。营业净利率、总资产周转率和权益乘数这三个比率在各企业中可能存在显著差异。通过对差异的比较，可以观察本企业与其他企业的经营战略和财务政策有什么不同。分解出来的营业净利率和总资产周转率，可以反映企业的经营战略。一些企业的营业净利率较高，而总资产周转率较低；另一些企业与之相反，总资产周转率较高，而营业净利率较低。两者经常呈反方向变化，并且这种现象不是偶然的。企业为了提高营业净利率，就要增加产品的附加值，往往需要增加投资，引起总资产周转率的下降；与此相反，为了加快周转，就要降低价格，就会引起营业净利率下降。通常，营业净利率较高的制造业，其总资产周转率较低；总资产周转率很高的零售行业，营业净利率很低。正因为如此，仅从营业净利率的高低并不能看出企业业绩的好坏，把它与总资产周转率联系起来则可以考察企业的经营战略。

分解出来的财务杠杆可以反映企业的财务政策。在总资产净利率不变的情况下，提高财务杠杆可以提高净资产收益率，但同时也会增加财务风险。一般来说，总资产净利率较高的企业，财务杠杆较低；总资产净利率较低的企业，财务杠杆较高。这种现象不是偶然的。这就是说，为了提高流动性，只能降低营利性。因此，我们实际看到的是，经营风险低的企业可以得到较多的贷款，其财务杠杆较高；经营风险高的企业，只能得到较少的贷款，其财务杠杆较低。总资产净利率与财务杠杆呈现负相关，共同决定了企业的净资产收益率。

影响净资产收益率的因素关系到企业的经营战略和财务政策，因此，企业必须使其与经营战略和财务政策相匹配。

（三）传统杜邦分析体系的局限性

1.计算总资产利润率的"总资产"与"净利润"不匹配

首先被质疑的是总资产净利率的计算公式。总资产是全部资产提供者享有的权利，而净利润是专门属于股东的，两者不匹配。由于总资产净利率的"投入与产出"不匹配,该指标不能反映实际的回报率。为了调整该比率的配比,要重新调整其分子和分母。因此,需要计量股东和有息负债债权人投入的资本,并且计量这些资本产生的收益,两者相除才是合乎逻辑的总资产利润率,才能准确反映企业的基础盈利能力。

2. 没有区分经营活动损益和金融活动损益

传统杜邦分析体系没有区分经营活动和金融活动。对于多数企业来说,金融活动是净筹资,它们在金融市场上主要是筹资,而不是投资。筹资活动没有产生净利润,而是支出净费用。这种筹资费用是否属于经营活动的费用,即使在会计规范的制定中也存在争议。从财务管理的基本理念看,企业的金融资产是投资活动的剩余,应将其从经营资产中剔除。与此相适应,金融费用也应从经营收益中剔除,才能使经营资产和经营收益匹配。因此,正确计量基础盈利能力的前提是区分经营资产和金融资产,区分经营损益和金融损益。

3. 没有区分有息负债和无息负债

把金融活动分离出来单独考察,就会涉及单独计量筹资活动的成本。负债的成本(利息支出)仅仅是有息负债的成本。因此,必须区分有息负债和无息负债。这样利息与有息负债相除,才是实际的平均利息率。此外,区分有息负债和无息负债后,有息负债与股东权益相除,可以得到更符合实际的财务杠杆。无息负债没有固定成本,本来就没有杠杆作用,将其计入财务杠杆,会歪曲杠杆的实际作用。

针对上述问题,人们对传统的财务分析体系进行了一系列改进,逐步形成了一个新的分析体系,称为改进的杜邦分析体系。改进的部分有:①区分经营资产和金融资产;②区分经营负债和金融负债;③区分经营活动损益和金融活动损益;④经营活动损益内部进一步区分主要经营利润、其他营业利润和营业外收支;⑤区分经营利润所得税和利息费用所得税。

改进的杜邦分析体系的核心指标仍然是权益净利率,但权益净利率的高低取决于税后经营利润率、净经营资产周转次数、税后利息率和净财务杠杆四个驱动因素。

改进的杜邦分析体系中的主要指标的关系,用公式表示如下:

权益净利率 = 净经营资产利润率 + 杠杆贡献率

= 税后经营利润率 × 净经营资产周转次数 + 经营差异率 × 净财

务杠杆

= 税后经营利润率 × 净经营资产周转次数 +（税后经营利润率 × 净经营资产周转次数 – 税后利息率）× 净财务杠杆

二、沃尔比重评分法

沃尔比重评分法是除杜邦分析体系之外，另外一个应用比较广泛的财务综合分析方法。

人们进行财务分析时遇到的一个主要困难就是计算出财务比率之后，无法判断它是偏高还是偏低。与本企业的历史比较，也只能看出自身的变化，却难以评价其在市场竞争中的优劣地位。为了弥补这些缺陷，美国学者亚历山大·沃尔在其于20世纪初出版的《信用晴雨表研究》《财务报表比率分析》等著作中提出了"信用能力指数"概念，将流动比率、产权比率、固定资产比率、存货周转率、应收账款周转率、固定资产周转率、自有资金周转率等七项财务比率用线性关系结合起来，并分别给定各自的分数比重，然后通过与标准比率进行比较，确定各项指标的得分及总体指标的累计分数，从而对企业的信用水平进行评价。

（一）沃尔比重评分法的步骤

运用沃尔比重评分法进行企业财务状况综合分析，一般要遵循以下步骤：

1.选定评价企业财务状况的财务比率。通常选择能够说明问题的重要指标。在选择指标时，一要具有全面性，要求反映企业的偿债能力、盈利能力、营运能力和发展能力的三大类财务比率都应当包括在内。二要具有代表性，即要选择能够说明问题的重要财务比率。三要具有变化方向的一致性，即财务比率增大，表示财务状况改善；财务比率减小，表示财务状况恶化。

2.根据各项财务比率的重要程度，确定其标准评分值（重要性系数）。各项财务比率的标准评分值之和应等于100分。各项财务比率评分值是沃尔比重评分法的一个重要部分，它直接影响对企业财务状况的评分。现代社会与沃尔所处的时代相比已经有了很大变化，对各项财务比率的重视程度不同，就会产生截然不同的结果。另外，确定具体评分标准时还应结合企业经营活动的性质、企业生产经营的规模、分析者的分析目的等因素。

3.确定各项财务比率评分值的上限和下限，即最高评分值和最低评分值。这主要是为了避免个别财务比率的异常值给总评分造成不合理的影响。

4.确定各项财务比率的标准值。财务比率的标准值是指本企业现时条件下财务比率的最理想数值，即最优值。

5.计算企业在一定时期内各项财务比率的实际值。

6.求出各指标实际值与标准值的比率，称为关系比率或相对比率。

7.计算各项财务比率的实际得分。各项财务比率的实际得分是关系比率和标准评分值的乘积。每项财务比率的得分都不得超过上限或下限，所有各项财务比率实际得分的合计数就是企业财务状况的综合得分。企业财务状况的综合得分反映了企业综合财务状况是否良好。如果综合得分等于或接近100分，说明企业的财务状况是良好的；如果综合得分低于100分很多，就说明企业的财务状况很差，应当采取适当的措施加以改善。

（二）沃尔比重评分法的计算公式

$$实际分数 = \frac{实际值}{标准值} \times 权重$$

当指标实际值>标准值为理想（正指标）时，此公式正确；但当指标实际值<标准值为理想（负指标）时，实际值越小，得分应越高，用此公式计算的结果却恰恰相反；另外，当某一单项指标的实际值畸高时，最后总分会大幅度增加，掩盖情况不良的指标，从而造成一种假象。

（三）对沃尔比重评分法的评价

沃尔比重评分法是评价企业总体财务状况的一种比较可取的方法，这一方法的关键在于指标的决定、权重的分配、标准值的确定等。原始意义上的沃尔比重评分法存在两个缺陷：一是从理论上讲，未能证明为什么要选择这七项指标，而不是更多或更少些，或者选择别的财务比率，也未能证明每个指标所占比重的合理性，所选定的七项指标缺乏证明力；二是从技术上讲，某一指标严重异常时，会对总评分产生不合逻辑的重大影响。这个欠缺是由财务比率与其比重相乘引起的，财务比率提高一倍，评分增加100%，而缩小1/2，其评分只减少50%。而且，现代社会与沃尔所处的时代相比，已经发生了很大的变化，沃尔最初提出的七项指标已经难以完全适应当前企业评价的需要。现在通常认为，在选择指标时，偿债能力、营运能力、盈利能力和发展能力指标均应当选到，除此之外还应当适当选取一些非财务指标作为参考。

（四）沃尔比重评分法的改进

现代社会与沃尔的时代相比，已有很大变化，沃尔最初提出的财务指标已难以完全满足当前企业评价的需要。要对沃尔比重评分法进行改进，使之能客观评价企业的财务状况，可以将财务比率的标准值由企业最优值调整为本行业平均值；选定指标时，偿债能力、营运能力、获利能力和发展能力等指标均应当被选到，除此之外，还应适当选取一些非财务指标作为参考；设定评分值的上限（正常值的 1.5 倍）和下限（正常值的一半）；评分时不采用"乘"的关系，而采用"加"的关系处理。这样改进之后，计算公式为：

$$综合得分 = 评分值 + 调整分$$

$$调整分 = \frac{实际比率 - 标准比率}{每分比率}$$

$$每分比率 = \frac{行业最高比率 - 标准比率}{最高评分 - 评分值}$$

三、雷达图法

雷达图法通常是指将收益性、安全性、流动性、生产性、成长性五类财务评价比率列示在形状如雷达图的图纸上，据以评价企业财务活动状况优劣的一种方法。其制作过程是：

首先，画出三个同心圆。最小的代表最低水平，或者同行业平均水平的 2/3；中等的代表同行业平均水平，又称作标准线；最大的代表同行业先进水平，或者同行业平均水平的 1.5 倍。

其次，从圆心开始，以放射线的形式分别标出各大类的财务比率。

最后，将企业同期的相应指标值点用线在图上连接，连接相邻点，形成折线闭环，构成雷达图。

就雷达图上折线闭环的形式看，当"五性"比率都处在标准线外接近最大圆时，为稳定理想型，表明企业的经营状况好，可采取积极推进政策；当"五性"比率都处在标准线内侧时，为均衡缩小型，表明企业财务状况差。

雷达图上折线闭环的形式大体可分为以下六种类型：

（一）稳定理想型

稳定理想型是指在雷达图中"五性"比率均为"+"号。如果企业处于这种状况，可以大规模地进行投资，研究开发新产品，扩大企业规模，以充分利用这一发展良机，使企业在各个方面都上一个新的台阶。

（二）保守型

保守型是指在雷达图中收益性、安全性和流动性比率为"+"号，生产性和成长性比率为"—"号。一般情况下，老企业易出现这种状况。在这种状况下，企业应采取注意市场动向、探讨销售策略、开发新产品、开拓新市场等措施。

（三）成长型

成长型是指在雷达图上除安全性比率为"—"号外，其余均为"+"号。这是新建企业或处于恢复期的企业，在企业财务状况不能适应企业快速发展的情况下常出现的状态。

（四）积极扩大型

积极扩大型是指在雷达图中安全性、生产性和成长性比率为"+"号，而收益性和流动性比率为"—"号。这是企业开始扩大经营范围或开发新产品时常出现的状态。

（五）消极安全型

消极安全型是指雷达图中除安全性比率为"+"号外，其余均为"—"号。一个企业如果财力雄厚，但消极经营，就容易陷入这种经营状态。

（六）均衡缩小型

均衡缩小型是指在雷达图中的"五性"比率均为"—"号，即企业的经营比率均低于标准区（线），企业处于岌岌可危的境地。这时，企业面临全面整顿和改善的状况。处于这种状态的企业应探讨有无改善的余地，要研究企业的外部因素，确定企业未来的前途，设法使企业向成长型发展。否则，就应考虑关停并转。

四、Z计分模型

激烈的市场竞争不可能使所有企业都能顺利发展，在市场经济自由竞争的条件下，没有哪个企业能够避开优胜劣汰的竞争法则。那些在竞争中失败的企业必然被淘汰出局。有可能破产的企业，可以及早制定对策，防患于未然。为此，国外的一些研究者着手开发破产预测模型，最著名的是美国纽约大学教授爱德华·阿尔特曼的Z计分模型。

1968年，阿尔特曼采用反映企业财务状况的几个财务比率指标，结合统计学中的多元判别分析技术（Multiple Discriminate Analysis，MDA），最先构造了Z计分模型。他选择了66家企业作为原始样本，将它们分为破产企业和非破产企业两组，每组各33家企业。第一组的破产企业是1946年到1965年根据《美国破产法》第十章规定申请破产的制造业企业；第二组是不分行业、不分规模，任意选择的企业，这些企业到1966年仍然存在。分组以后，又收集了它们的资产负债表、利润表等财务报表，并进一步整理了认为对评价有用的22个财务比率，把这些比率按流动性、收益性、稳定性、支付性、活动比率进行了分类。然后，从中选择了用于破产预测的5个变量，并完成了如下过程，建立起Z计分模型：①观察各种代替函数的统计有用性，以弄清各独立变量的相对作用；②分析有关变量的相互依存关系；③观察各变量判别力的正确性；④建立综合判别函数；⑤对模型进行统计学上和经验上的检验。

模型建立后，又经过了统计学上和6项经验上的检验。检验的结果表明，该模型在预测企业破产时，具有较高的准确性。从企业破产前一年的指标情况看，对破产组企业的分类正确率为94%，对非破产组的分类正确率为97%，全部样本分类的正确率为95%；从企业破产前两年的指标情况看，对破产组分类的正确率为72%，对非破产组分类的正确率为94%，全部样本分类的正确率为83%。

然而对破产企业前五年的指标进行检验后发现，从前一年到前五年的正确率分别为95%、72%、48%、29%、36%，说明此模型长期预测的可信赖度很低，只对两年内的预测准确性较高。

继阿尔特曼之后，美国学者理查德·托夫勒和霍华德·蒂斯哈在20世纪70年代进一步发展和完善了Z计分模型。其中，理查德·托夫勒的模型将预测企业破产的准确率提高到了97.6%。Z计分模型迅速在世界范围内得到了广泛应用，不管模型用何称谓，其做法基本都沿用了阿尔特曼的分析方法。

尽管Z计分模型的开发是为了通过判别分析发现破产临界值，预测企业破产的可能性，但是由于模型中采用的指标全部是财务比率，模型自开发出来后，实际上却被用作对企业财务状况的综合评价。

Z计分模型将企业的财务比率分析与统计上的多元判别分析技术完美地结合起来，消除了单项比率分析的缺点，使变量多元化，将财务状况多方面的信息科学地综合起来，成为企业综合评价财务状况的一个非常有力的工具。

第三章　企业资本运作风险管理

第一节　企业融资风险管理

一、融资风险的含义

融资风险是企业在筹资过程中，资金供应市场、宏观经济环境的变化，或者融资来源结构、币种结构、期限结构等因素给企业财务带来的不确定性。

当前，企业的资金来源渠道正呈现多元化的发展态势，但筹资方式概括起来有两种：债务筹资和权益筹资。两种筹资方式承担的风险是不同的。债务筹资受固定的利息负担和债务期限结构等因素的影响，当企业经营不善，特别是投资收益率低于债务融资成本率时，企业可能产生不能按时还本付息甚至破产的风险。权益筹资则受股权资本市场的影响较大。以上市公司为例，当企业的投资收益率不能满足投资者的收益期望时，投资者可能抛售其股票，造成股价下跌，增加企业的再筹资成本，特别是企业经营遇到困难时，竞争对手可以通过市场收购其股票，吞并企业。为了有效控制筹资风险，企业除了需要慎重选择合适的筹资方式外，还需要选择适当的筹资时机、筹资规模和筹资工具等。

二、融资风险的分类

按风险产生的原因，融资风险可分为两大类：

（一）现金性融资风险

即企业在特定时点上，现金流出量超出现金流入量而产生的到期不能偿付债务本息的风险。这种风险是由于现金短缺，债务的期限结构与现金流入的期限结构不匹配引起的，是一种支付风险。

（二）收支性融资风险

即企业在收不抵支的情况下出现的不能偿还到期债务本息的风险。企业发生亏损，将减少作为偿债保障的资产总量，在负债不变的情况下，亏损越多，企业资产偿还债务的能力也就越弱。终极的收支性融资风险，表现为企业破产清算后的剩余财产不足以偿还债务。

收支性融资风险与以下因素有着密切关系：①举债经营效益的不确定性；②现金收支调度失控；③资本结构不合理；④金融市场客观环境变化。

三、融资风险管理

（一）融资风险控制措施

1. 注重资产与负债的适配性，合理确定长短期负债结构

按资产运用期限的长短来安排和筹集相应期限的资金，是规避现金性风险的有效方法之一。例如，购置机器设备等固定资产需要长期占用资金，则应选择长期筹资方式，如长期借款；而季节性、临时性等原因引起的短期资金需求，应用短期负债来解决。由于资产占用时间与负债偿还的期限基本一致，这样做既可以规避企业的债务风险，又可以提高资本收益率。相反，如果将短期负债用于满足长期资产的需求，企业需要举新债还旧债，将加重企业偿债的压力，使企业面临较高的现金性财务风险；如果用长期负债满足短期资金的需求，则会造成资金浪费，增加资金成本。

2. 合理确定资产负债率，严格控制负债规模

收支性风险在很大程度上是由于资本结构，即资产负债比例安排不当形成的，如在资产收益率较低时安排较高的资产负债率。合理确定资产负债率，严格控制负债规模是规避收支性财务风险的重要方法之一。

3. 加强经营管理，提高企业的盈利能力

提高企业的盈利能力是降低收支性财务风险的根本方法。如果企业的盈利水平较高，净资产增长较快，就可以从根本上消除收支性风险。

4. 合理预期利率，适时选用借款的种类

利率呈现上升趋势，应采用长期负债筹资，避免未来利率上升增加利息支付；利率呈现下降趋势，应采用短期负债筹资，减少未来的付息压力。

（二）融资风险的应对策略

1. 风险规避

风险规避是指放弃某种借贷资本或短期负债的融资，以避免使企业陷入局部或整体被动的局面。这种情况一般是债权方要求过高，代价太大，企业因不能承受而不得不使用的处理方式，如过高的承诺费、补偿性余额或抵押要求等。

2. 风险接受

风险接受是指企业认为某种融资方式带来的财务风险在偏好内，可以不通过采取控制、转移等手段而接受下来。

3. 风险转移

风险转移是指应债权人要求或企业自身感觉不良，将财务风险与第三者或其他方共担或转嫁出去，如请求担保、租赁、按揭等。

4. 风险利用

风险利用是指企业抓住商机和理想环境，对融资产生的风险加以更为有效的利用，如并购、反并购、债务重组等。

5. 风险控制

风险控制是指通过测算、组合、对冲、营运等途径将融资风险控制在风险偏好之内。对于企业确定的融资风险基准评价指标数值，在实际融资时，可以就有关方面进行测算并与其对比。

6. 债务重组

当企业出现严重亏损、无力偿还债务时，可通过与债权人协商，采取减免债务、降低债息及债权转股本等方式，实施债务重组，从而降低企业的收支性融资风险。

企业应综合自身业务特点，采取以下措施避免融资风险发生：①要设定本企业目标值及容忍度；②要及时预测项目的预测值；③确定风险等级；④寻找产生风险的原因，针对不同动因拟定措施，防范风险发生及进一步扩大。

第二节 企业投资风险管理

一、投资及投资风险

（一）投资及投资风险的含义

投资是指企业以收回现金并取得收益为目的而产生的现金流出。例如，购买设备、兴建工厂、开办商店、开发新产品、购买专利、购买政府公债、购买企业股票和债券等，都要产生现金流出，并期望取得更多的流入。企业投资按不同标准可分为：直接投资和间接投资、长期投资和短期投资等。

投资风险是指企业的长期投资项目未来的不确定性所带来的损失，如建立新的生产线和营业机构、研究开发新项目、收购合并等，可能无法为股东带来合理的回报，甚至导致亏损。投资风险是一种典型的投机性风险，既可能带来收益，又可能带来损失。

（二）投资的分类

1. 项目投资

项目投资是指企业为获得一定的生产或服务能力，以满足社会和市场的需求，在一定时期内对特定领域进行投资并形成固定资产，并在未来一段时期内逐步实现投资回收、投资盈利及投资效益的经济活动。项目投资是企业资金运用的主要领域，对企业发展影响巨大，是企业调整产品结构、实现产品更新换代、增强企业竞争实力的主要途径。其特点是投资时间长、投入数额大、投资决策复杂且难度大、影响投资效果的因素多、投资效果持续时间长、投资转移性与替代性差等，项目投资的特点决定了其具有很大的风险性。

2. 收购兼并投资

这类投资魅力大，成功率低，而有时由于企业文化不同，兼并后的企业不易管理，兼并后的企业经营工作往往遇到极大的阻碍。

二、投资风险产生的原因

认真研究分析投资风险产生的原因,对防范与抑制风险的产生有重要意义。现根据项目形成的不同阶段分析如下:

1. 项目前期阶段,可能导致投资风险的因素有:①情况不明,仓促决策。②方法不当,估算有误。③考虑不周,缺项漏数。④弄虚作假,不负责任。⑤审查不细,把关不严等,造成经济损失。

2. 项目建设阶段,可能导致投资风险的因素有:①施工工程拖长,不能按计划投产。②工程及设备出现质量问题,进行返工。③项目建设组织管理不严,资源调配不当,从而造成投资风险。

3. 项目投产初期阶段,可能导致投资风险的因素有:①市场环境的不利变化,导致产品价格可能下跌,材料费用上涨。②不重视提高员工的素质与培训工作,员工的素质与具体工作不相应。③企业内部环境不健全,不能发挥应有的作用等,因而带来投资风险。

综上所述,造成投资实际效益偏离预定目标的主要原因是:项目经济寿命的变化、产品成本的变化、产品价格的变化、生产能力的变化、市场需求的变化、建设期的变化、投资总额的变化等。这些变化有些是有利的,有些是不利的。提高预测的科学性和准确性,是防范投资风险的最有效方法。

三、投资风险的管理

(一)投资环境分析

投资是企业生存发展的需要,是经营者面临的重要任务之一。经济在发展、科技在进步、市场需求在变化,特别是企业进入国际市场后,投资的机会处处都有,经营者必须抓住有利时机进行投资,开发新产品,采用新技术,才能提高企业的竞争力,适应社会的发展。因循守旧不求发展,前怕狼后怕虎的经营者必然会被社会所淘汰。因此,投资、发展、创新是时代的需要。

(二)投资风险规避

企业要规避投资风险,方法之一是多元化投资,不能"把鸡蛋都放在一个篮子里",否则一旦该项目失败,就会"全军覆灭",使投资全部遭受损失。把资金投放在多个项目上，有的发生损失，有的获得收益，这样就可以分散风险。分散风险的方法有：

1. 地区分散

地区分散可以分为国内国外分散和城市乡镇分散等。

2. 行业分散

不同行业的特点和商业周期的波动情况是不一样的，某个行业处于萧条时，另一个行业就可能处于繁荣阶段。企业进行多行业投资可以更好地发展。

3. 企业单位分散

不同单位的特点和经营状况的变动情况是不同的。企业对外投资时，可将资金投放于多个企业，以降低风险。

（三）投资风险控制

对于不可分散的投资风险，必须对其采取必要的措施进行控制。控制投资风险的方法有：

1. 利用咨询服务

利用咨询服务可以在投资前进行可行性研究，投资后实施有效控制，聘请投资顾问，可以防范和减少风险产生。

2. 投资风险转移与风险利用

企业在资金充足的情况下，根据投资未来收益的分析，可以将资金分散在几个可行的项目下，实行多元开发，进行风险中和。也可将工程项目一次性发包给承包企业，海外投资可向保险公司投保，还要考虑外汇风险等。

3. 回避风险

对于那些投资风险太大的投资项目，企业只有放弃才是最有效的选择，不能盲目投资。

4. 减少风险

当投资风险无法回避时，企业只有采取措施，配备资源，争取外援，减少风险损失。

总之，企业在经营过程中，投资是不可避免的，要投资就有风险，没有风险的投资项目是不会有好效益的，因为效益和风险并存。关键是要密切关注市场变化，及时抓住投资机会，实施科学决策和有效控制，减少风险，求得企业发展。

第三节 企业高风险业务的风险控制

一、企业高风险业务概述

随着市场经济的发展，货币、证券等金融市场日趋活跃，企业之间、企业与金融机构之间的交易日益频繁。为了便于企业之间的交易和结算，金融行业不断推出新的结算方式，创造新的金融工具。相应地，许多企业在主营业务之外，还涉足高风险业务。企业的高风险业务主要有：

（一）外汇交易

由于进行对外贸易和境外投资，企业需要用不同的货币结算和支付，从而在外汇市场上不断进行买卖外汇的活动。

（二）证券交易

企业买卖依法发行的股票、债券、国库券等有价证券。

（三）金融衍生工具

在股票、债券、利率、汇率等基本金融工具的基础上派生出来的新的金融合约，主要包括远期、互换（掉期）、期货、期权四种。其中，期货和期权是非金融企业最常从事的交易。

1. 远期，即约定签约双方在将来某一确定的时间，按规定的价格购买或出售某项资产的合约。远期合约通常是在金融机构之间，或金融机构与企业客户之间，或各个大企业之间签署的，没有标准化的格式和制度化的交易程序，一般不在规范的交易所内交易。

2. 互换，即交易双方约定将两者未来的现金流进行交换的协议。根据交换对象不同，一般可分为利率互换、货币互换、商品互换和股票收益互换等。

3. 期货，即买卖双方在有组织的交易所内，以公开竞价的形式达成的、在将来某一特定日期交割标准数量的交易对象的协议。根据交易对象不同，可分为商品期货、货币（外汇）期货、利率期货、股票指数期货等。

4. 期权，又称选择权，即约定签约双方中支付期权费的一方有权在合约有效期内按照敲定价格与规定数量,从对方买入或向对方卖出某种或一揽子金融工具的合约。按期权的执行时间不同,可分为欧式期权和美式期权,前者的期权持有者只能在到期日才能行使权利,后者的期权持有者可以在到期日之前的任何时间行使权利。按期权的标的资产不同,可分为商品期权、股票期权、外汇(货币)期权、利率期权、股指期权、期货期权、外汇期货期权等。

(四)委托理财

委托理财是指企业在生产经营过程中持有闲置资金时,将其委托给专业性的投资机构投资于股票、证券等金融工具以获取收益。委托理财是企业资产营运的一种方式,其主体包括两方:一方是拥有闲置资金的企业,即委托方;另一方是具备一定资质的投资机构,即受托方。

二、企业高风险业务的财务管理

虽然企业从事高风险业务可以获得较高的收益,但管理失控也容易引发较大的甚至致命的风险和损失。例如,美国安然事件的导火索就是公司造假账掩盖其在能源商品衍生交易中对冲失败承受的巨额损失。随着企业越来越多地从事期权、期货、证券、外汇交易、委托理财等业务,企业必须加强相关的财务管理,从根源上降低或避免风险和损失。中华人民共和国财政部(以下简称财政部)印发的《商品期货交易财务管理暂行规定》,对如何加强企业的商品期货交易财务管理提出了系统要求,这对其他高风险业务的财务管理也具有借鉴意义。

(一)资金管理

1.用于高风险业务的资金来源必须合法合规。例如,企业通过证券市场募集到的有指定用途的专项资金,企业内部职工的集资款或应付工资、教育经费等对个人的负债,均不能用于从事高风险业务。国有或国有控股的企业不得为从事高风险业务而向外单位投入资金或专门向银行及非银行金融机构申请借款。

2.高风险业务不得影响主营业务的正常开展。高风险业务的资金投入不能挤占主营业务所需资金,不能舍本逐末。

3.对资金进行授权管理。企业应确定最高风险业务的投资限额,不同业务、不同级别管理人员的授权投资限额,以及特别授权事项及程序等,报经批准后,严格执行。

4. 执行严格的付款程序。企业投向高风险业务的资金必须经过严格的审批程序后才能支付。

5. 制定退出及止损策略。例如，企业应规定资金在保值状态下退出；如果预计损失太大，则应以损失最小为原则进行止损。

（二）合同管理

1. 签署合同的授权。企业应根据合同的金额大小、业务种类，对各级管理人员授权，管理人员必须在授权范围内签署合同。

2. 注意合同的合法性。规定合同中通用条款与专用条款之间的关系，以及条款之间出现争议时的解决方法。对于涉外合同，合同中应该明确规定当两种文字出现歧义时，以何种文字为主，以保护双方的合法权益，减少损失。

3. 合同执行全过程的追踪管理。合同在签订与执行过程中，应当落实责任追究制度，并与相关责任人的业绩考评和薪酬分配挂钩。

（三）文件记录管理

企业应通过建立台账、备查账等对高风险业务进行管理，保管好有关合同、交易资金结算单据、内部业务授权文件等资料，指定专人定期核对业务交易账户资金变动情况，跟踪监督业务交易情况，发现问题及时报告。

（四）高风险业务的报告制度

企业应当建立高风险业务的报告制度，全面、及时披露高风险业务的有关信息。对于交易业务量、现金流量、盈亏情况等信息，从事高风险业务的经营管理人员应当及时向财务部门报告，财务部门应当及时向企业高层管理者报告。企业对外报告的内容，主要包括：

1. 各类高风险业务的管理政策和计量方法。

2. 分类披露现有高风险业务的合同内容。

3. 分类披露现有高风险业务的账面价值、公允价值、风险敞口及其形成原因等。

4. 分类披露现有高风险业务资产减值的详细信息。

三、企业高风险业务的风险控制方法

（一）高风险业务的风险类型及一般控制方法

1. 市场风险，即市场价格变动（如市场利率、汇率、股票、债券行情变动）造成亏损导致的风险。企业可通过科学预测或采用特定的套期保值等方法来降低这类风险。

2. 信用风险，即合约对方违约或无力履约而导致的风险。企业可通过对合约对方的信用状况进行充分调查，要求对方交付保证金等方法降低这类风险。

3. 流动性风险，即无法在市场上变现、平仓或现金流量不足导致的风险。企业可通过控制资金缺口额度来降低这类风险。

4. 操作风险，即不合格的计算机交易系统或清算系统、不完善的内部控制、不适用的应急计划以及人为的操作错误、管理失误等导致的风险。企业可通过更新硬件设施，制定规范的操作程序，增强有关人员的工作责任感来降低这类风险。

5. 法律风险，即合同在法律上无法履行，或合同文本有法律漏洞导致的风险。企业可通过使用合同格式文本、聘请法律顾问等方法来降低这类风险。

（二）证券交易风险的控制方法

1. 通过分散投资来分散风险。首先，分散证券种类，即在股票和债券这两种证券上做适当的分配。其次，分散到期日，即对证券组合中的到期日加以必要的分散，避免集中在某一天或一段时间内。再次，分散投资的部门和行业，如新兴行业和夕阳行业。最后，分散投资时机。

2. 选择适合企业实力的证券组合并随时调整证券组合。证券组合种类有：低风险证券组合、中等风险证券组合和高风险证券组合。由于各种证券的预期收益与风险经常受多种因素影响而变化，企业需要及时进行调整。

（三）外汇交易风险控制方法

1. 使用金融衍生工具，如签订外汇远期、互换（掉期）、期权合同，使外汇保值。

2. 资产负债平衡法，即安排外汇资产和外汇负债的结构，使企业在同一时期内的资金流入和流出金额基本相等。

3. 资金调度法，即增强企业资金调度的灵活性，如增强提前或推迟收付外汇的能力。

4.币种选择法，如企业出口时争取以硬货币计价，进口时争取以软货币支付。

（四）委托理财风险控制方法

1.评估受托人的投资管理能力和信用情况。选择受托人时，应当关注受托人的信誉；受托人的治理结构及风险控制程序；受托人的历史业绩及管理经验，以及所管理资产规模的大小。这是从源头上控制委托理财风险的办法。

2.合理控制委托资产与总资产的比重。如果委托资产占总资产的比重过大，企业的不可控风险就会增加，并影响主营业务的正常开展。

3.增加委托合同签订和执行的透明度。自委托理财业务开展以来，许多因此出现问题甚至倒闭的企业，都存在企业经营者在合同的签订和执行过程中与受托人勾结、合谋，转移资产或者掩盖损失的情况，造成财务失控。

4.跟踪监督，及时收回收益或止损。企业应要求受托人定期向其报告理财情况，按合同约定保证及时收回理财收益，或者在市场环境发生较大逆转或者受托人财务状况恶化时，及时止损。

第四节　国有企业资本运作的风险及策略

国有企业是我国社会经济发展的重要组成部分。在长期的发展过程中，国有企业已经进行了较为完善的改革，并取得了一定的成果。国有企业在发展过程中，其运行机制、管理模式以及资本运作的方式，都有了不同程度的变化。而在当下深化国有企业改革的过程中，需要保障国有资产保值增值工作可以顺利地开展下去。同时，国有企业还需要充分重视资本运作的相关工作，如此才可以有效明确资本运作的风险，进而可持续地发展下去。

一、国有企业资本运作的背景

在现阶段经济转型的发展背景下，我国的国有企业在进行资本运作的过程中有着极为重要的作用。国有企业是我国国家进行投资，或者直接由国家进行控制的企业。国有企业能够在国家的引导下，坚持以社会公共目标为发展的目标，在企业的发展过程中，最大限度地为人们群众服务，因此需要得到国家的大力扶持。为此，在现阶段，国有企业需要对现有的社会资源，以及社会生产要素，进行有效的优化整合，并在企业的经营过程中，能够对资源进行合理的配置，以此满足现阶段国有企业的资本增值需求。

二、国有企业资本运作行为

对于传统的国有企业而言，在经营的过程中，对资本的运作，就是推动企业上市。为了实现上市，企业需要进行项目投资，这样才可以进行有效的融资。一些国有企业的管理者，相比市场当中的企业管理者，管理理念相对比较传统和保守，在进行企业资金的运作以及融资的过程中，依然采用较为传统的结合思想。为了能够顺应现阶段的市场以及社会的发展趋势，国有企业管理者需要积极地进行管理理念的创新，站在企业未来发展的长远角度，有效地进行投资模式的创新变革。同时，国有企业管理者还需要在具体执行的过程中，在资金运作以及融资的理念方面，进行有效的转变。对于我国的国有企业而言，内部的管理层需要具有较强的管理能力，并不断积极地提升自身的管理能力，能够站在企业可持续发展的角度，把控好企业未来发展的方向，制订出符合企业发展的战略目标，推动企业在规模以及经济效益方面的提升。

三、国有企业资本运作的方法

国有企业在进行企业资本运作的过程中，可以采用企业配股、托管、重组、并购、转让增发等方法。而传统的资本运作以及融资方法，在当下的国有企业发展过程中，并不能起到良好的作用。并购整合是一种国有企业在经营状况不佳的时候，能够有效地进行资金运作以及融资的重要方法。同时，采取这样的方法，可以有效地促进国有企业基础设施水平的提升，提升国有企业在市场当中的竞争能力。在国有企业的发展过程中，进行产业结构的优化工作，可以有效保障企业的可持续发展，以此能够让企业创造出更多的经济效益。这样的发展方式，也能够进一步提升国有企业的融资能力。这有助于上市企业在日后的发展过程中吸引到更多的资本，为企业成为国际化的国有企业助力。

四、国有企业资本运作面临的问题

（一）企业工作人员的综合素质不高

现阶段我国正处于经济转型的阶段，因此国有企业在发展的过程中，需要积极地完善财务管理部门，提升财务管理的效果。但是在当下的发展过程中，国有企业通过招聘而来的财务管理人员，多数没有接受过专业技能的培训，这使得他们在具体的工作过程中缺乏必要的综合素质，同时对市场的预判能力不足，对资本的价值没有一个较为准确的判断，严重阻碍了国有企业的资本运作。这样的财务管理人员并不利于现阶段国有企业的经济转型，同时也无法很好地为国有企业提升社会效益和经济效益。国有企业在发展的过程中，需要重视工作人员职业素质方面的培训，通过建立健全企业制度，充分地保障企业资金的合理运作。

（二）企业对资本运作重视程度不足

现阶段，国有企业的内部管理人员，通常缺乏资金运作的理论基础，同时开展的工作也没有与企业的实际发展情况进行有效的结合。因此，就导致企业的资本运作效果不佳，同时融资的效果也不理想。在这样的经营模式下，国有企业无法很好地顺应经济的转型。为此，国有企业在未来的发展过程中，要重视自身资金运作以及融资的能力，积极地向一些先进的企业学习资金运作以及融资方面的工作经验，积极地开展资金运作。

（三）融资过程不规范

国有企业在资本运作以及融资工作中，存在着政府兜底的情况。在长期的发展过程中，由于受到政企融合的影响，国有企业的资本运作常常面临较为复杂的审核流程，以此导致企业在进行资本运作的过程中，无法准确把握时机。甚至有的企业在经营过程中，出现超额融资的问题，进而造成较为严重的资金浪费。同时，一些国有企业在资本运作过程中，无法很好地利用资金，因而十分依赖政府方面的帮助，这样的资本运作方式，使得国有企业的融资主体地位并不显著。

（四）资本运作难度较大

在现阶段的发展过程中，国有企业由于普遍规模较大，因此资产运作结构较为复杂，而在负债方面，也有着较大的规模。但是当下的银行在进行融资贷款的过程中十分谨慎，这大大提升了国有企业融资的难度系数，使得国有企业在进行融资的过程中，很多采用土地抵押的方式，但是土地抵押的具体审核流程较为复杂。

五、优化国有企业资本运作的措施

（一）提升企业员工的职业素质

国有企业在现阶段的发展过程中，为了能够更好地提升资本的运作能力，以此提升自身的融资能力，首先需要重视对企业员工的培训。国有企业需要建立相应的人才培养机制，在每年的培训过程中，投入一定的成本聘请专业人员来到企业当中，为员工进行工作经验以及工作理念方面的培训，从而让员工可以在工作的过程中，不断提升自身的素质水平。同时，企业还需要针对员工建立起奖惩机制，对员工的业务能力、职业技术以及职业道德水平进行监督。将员工的工作效率与其自身的薪资进行挂钩，这样便可以起到提升员工工作积极性和主动性的作用，从而在企业长期的经营过程中，打造出具有较强工作能力的财务管理队伍。这样的管理方式，也是有效提升员工业绩的关键所在，使得国有企业能够在现阶段激烈的市场竞争环境当中有着较强的竞争力。同时，应用较为合理有效的监督机制，也能够充分约束员工，保障在开展资本运作的过程中，一旦出现问题，便可以在第一时间进行问题的追责，大大提升工作的效率。在国有企业的发展过程中，只有通过提升员工的职业素质，才可以有效地提升融资过程的合理性，有效地降低企业在融资的过程中面临风险的可能性。

（二）提升对资本运作的认知程度以及重视程度

对于国有企业的未来发展而言，国有企业的领导者要能够在资本运作的过程中充分发挥带动作用，将资本运作工作纳入企业的长期发展规划当中，以此充分发挥资本运作的实际作用。国有企业的管理层需要提升对资本运作重要性的认知程度，以此对现阶段的国有企业的资本运作进行优化和调整，有效地帮助企业在未来的发展过程中实现经济转型。

（三）加强融资平台管理，规范融资过程

为了优化国有企业资本运作并规避融资风险，还需要进一步提升对融资平台的管理力度，以此能够让政府在企业发展的过程中，起到良好的主导性作用。政府需要在管理的过程中，建立具有较高适应性的管理标准，同时也需要建立相应

的本地股权市场，以此为国有企业建立安全性较高的融资平台。同时，在进行资本运作的时候，国有企业要重视市场周期性带来的影响，需要在处理风险问题的时候，能够根据企业现阶段发展的实际情况，有针对性地制定管控政策。政府在国有企业的未来发展过程中，应基于市场经济，合理地降低对企业的管控力度。这样，就可以让国有企业拥有较高的自主权，能够依据市场的变化，提升对资金的管理效率。在融资的过程中，国有企业需要设定融资的上限，以此将资本运作可能产生的风险控制在可控的范围之内，进一步提升融资活动的安全性。

国有企业开展各项金融活动时，要进行资本方面的创新，以免在发展的过程中过度依赖于当地的政策，制约未来的发展。同时，国有企业在未来的发展过程中，需要积极进行融资模式的创新，如可以采用PPP模式、TOT模式等。在采用PPP模式的时候，政府需要在国有企业的发展过程中，能充分发挥有效的指导作用，积极地吸引更多的民营资本加入其中，如此也十分有利于降低融资风险。而在融资项目运行的过程中，政府还需要能够依据企业的发展情况，建立相应的风险分配机制，进而起到让多方受益的效果。

（四）健全资本运作结构，降低资本运作难度

国有企业在资本运作的过程中，需要积极地将资产保值当作主要的工作目标。一旦企业在实际的资本运作过程中出现了大量的负债，企业资产存量就会远远低于安全值，企业在日后的融资过程中会受到较为明显的制约，大大提升了融资风险出现的可能性。为此，企业要在资本运作的过程中，能够很好地进行资本结构的优化，以此让自身的发展顺应当下的时代发展和社会的需求。

综上所述，国有企业在未来的发展过程中，需要重视起资本运作的重要性，通过有效的方式，提升自身的资本运作能力，进而有效地降低融资过程中可能遇到的风险。

第四章　企业财务管理的应用

第一节　筹资管理

企业采用不同筹资方式筹集的资金,其使用时间的长短、资金成本的高低、财务风险的大小、附加条款的限制等均存有差异。企业选择筹资方式时需充分考虑其基本特点。

企业筹集的全部资金按权益性质可分为权益资金和债务资金两大类。

权益资金,亦称自有资本和自有资金,是指企业投资者投入并拥有所有权的那部分资金。投资者凭借对权益资金的所有权参与企业的经营管理和收益分配,并对企业的经营状况承担有限责任,企业对自有资金则依法享有经营权。根据资本金保全制度的要求,企业筹集的资本金在企业存续期内,投资者除依法转让外,一般不得以任何方式抽回。因此,企业自有资金具有数额稳定、使用期长和无须还本付息的特点,它是体现企业经济实力、增强企业抵御风险能力的最重要的资金。

债务资金,亦称借入资本或借入资金,是指企业债权人拥有所有权的那部分资金。债务资金是需要企业在将来以转移资产或提供劳务加以清偿的债务,会引起未来经济利益的流出。企业的债权人有权按期索取本息,但无权参与企业的经营管理,对企业的经营状况也不承担责任。由于借款利息可以在成本中列支,企业可因此获得免税收益,但因需按约付息、到期还本,企业会面临财务风险。

一、权益资金的筹资方式

权益资金的筹资方式主要有吸收直接投资、发行普通股、发行优先股、发行可转换证券、发行认股权证等。

（一）吸收直接投资

吸收直接投资是指企业以协议等形式吸收国家、法人及个人直接投入资金的一种筹资方式。吸收直接投资不以股票等证券为媒介，一般适用于非股份制企业筹集资本金。

1. 吸收直接投资的优点

①可提升企业信誉。吸收直接投资增加了企业的权益资金，意味着企业的实力增强，提升了企业的信誉和借款能力，有利于将来经营规模的进一步扩大。②能尽快形成生产能力。吸收直接投资的法律手续相对简单，因而筹资速度较快。而且不仅可以筹集到现金，还可以直接取得所需的先进设备和技术，使企业能尽快形成生产能力，尽快开拓市场。③财务风险较小。吸收直接投资是要根据企业的经营状况向投资者支付报酬的，效益好多付，效益差则少付，比较灵活，没有固定偿付的压力，故财务风险小。

2. 吸收直接投资的缺点

①筹资成本较高。由于直接投资的投资者承担的风险较大，要求的投资回报率也较高，企业因此支付的资金成本也较高，在企业经营效益好的情况下更是如此。②不利于企业的经营运作。一方面，吸收直接投资不以证券为媒介，涉及产权转让的一些资产重组事项时难以操作，容易产生产权纠纷。另一方面，各投资者都拥有相应的经营管理权，企业的控制权因此被分散，不利于企业的统一经营管理。

（二）发行普通股

股票是指股份有限公司为筹集自有资本而发行的有价证券，是持股人用来证明其在公司中投资股份的数额，并按相应比例分享权利和承担义务的书面凭证，它代表持股人对公司拥有的所有权。股票持有人即为公司的股东。

普通股是股份有限公司发行的无特别权利的股份，是指代表着股东享有平等权利、不加以特别限制、其收益取决于股份有限公司的经营效益及所采取的股利政策的股票。发行普通股是股份有限公司筹集资本金的基本方式。

1. 普通股股东享有的权利

①公司管理权。普通股股东在董事会选举中有选举权和被选举权。经选举的董事会代表所有股东行使公司管理权。②盈余分配权。普通股股东按其所持股份

的比例参与盈余分配，取得股利。③股份转让权。普通股股东持有的股份可以自由转让，但必须符合相关法规和公司章程规定的条件和程序。④优先认股权。公司发行新股时，现有普通股股东有权优先按比例购买，以便保持其在公司中的权益比例。⑤剩余财产要求权。当公司解散清算时，普通股股东有权要求取得剩余财产，但这种权利的行使必须在公司剩余财产变价收入清偿了债务和优先股股本之后。普通股股东同时需承担相应的责任，主要是以出资额为限对公司的债务承担有限责任。

2. 普通股筹资的优点

①没有固定的到期日，不需要归还。发行普通股筹集的资金是公司永久性使用的资金，只要公司处于正常经营状态，股东就不能要求退回股金。只有在公司解散清算时，股东才能要求取得剩余财产。这对满足公司对资金的最低需求、保证公司资本结构的稳定、维持公司长期稳定经营具有重要意义。②没有固定的股利负担。向普通股股东支付股利不是公司的法定义务，股东的股利收益高低一方面取决于公司的经营业绩，另一方面还受制于公司的股利政策。公司分配股利的一般原则是"多盈多分、少盈少分、不盈不分"，显然不会构成公司固定的股利负担，经营波动给公司带来的财务负担相对较小，公司的现金收支因此也有很大的灵活性。③筹资风险小。由于普通股筹资没有固定的到期还本付息的压力，股利只是在盈利的情况下才需要支付，不是公司的法定费用支出，因此普通股筹资实际上不存在不能偿付的风险，筹资风险小。④增强公司的举债能力。普通股筹资形成的资本是公司的自有资金，反映了公司的资金实力，可为债权人权益提供保障，使公司更容易获得债务资金。因此，普通股筹资能提升公司的信誉和举债能力。⑤容易吸收资金。人们一般认为投资普通股的收益高于其他投资方式，并且在通货膨胀时期，普通股的价值也会上涨，不致贬值。因此，普通股比债券更受投资者欢迎，发行普通股容易吸收资金。

3. 普通股筹资的缺点

①资本成本较高。从投资者的角度看，投资普通股风险较高，相应地，也要求有较高的投资报酬率，为此公司支付的普通股股利一般要高于债务利息。而从发行公司来看，普通股股利从税后利润中支付，无抵税作用。此外，普通股的发行费用一般也高于其他证券。②稀释公司的控制权。当公司增资发行新股时，新股东的加盟势必稀释老股东对公司的控制权。老股东若想维持原有的控制权，就

必须动用大量资金来购买新股。③可能引发股价下跌。由于普通股具有同股、同权、同利的特点,当公司增资发行新股时,新股东将分享公司发行新股前积累的盈余,降低普通股的每股净收益,从而可能引发普通股市价下跌。

(三)发行优先股

优先股是相对于普通股来说具有某种优先权的股票。发行优先股一方面不需要偿还本金,是公司自有资本的一种筹集方式;另一方面按固定利率支付股利,又具有债券的一些特性。

1. 优先股股东享有的权利

相对于普通股股东而言,优先股股东的优先权主要体现在两个方面:一是优先分配股利。当公司分配利润时,首先分配给优先股股东,只有在付清了优先股股利之后,才能支付普通股股利。二是优先分配剩余财产。当公司解散清算时,在还清债务后,剩余财产首先向优先股股东偿付其股票面值及累积的股利,如还有剩余,再分配给普通股股东。但在一般情况下,优先股股东不能参加股东大会,没有选举权和被选举权,也不能对公司的重大经营决策进行表决,只在涉及优先股股东权益问题时有表决权。

2. 优先股筹资的优点

①无固定还本负担,并能形成灵活的资本结构。利用优先股筹资,没有固定的到期日,不用偿付本金,实际上相当于得到一笔永续性借款,使公司既获得了稳定的资金,又不需要承担还本义务,减少了财务风险。同时,优先股的种类很多,公司可通过发行不同种类的优先股来形成灵活的资本结构,也可以使公司在资金使用上更具弹性。如公司发行可赎回优先股,则有利于结合资金需求灵活掌握优先股的资金数额,并能调整资本结构。②股利支付有一定的弹性。虽然优先股的股息率是预先确定的,一般而言,公司须支付固定的股利。但固定股利的支付并不构成公司的法定义务,如果公司财务状况不佳,可以暂时不支付优先股股利。③提高公司的举债能力。发行优先股所筹集的资金,与普通股筹集的资金一样是公司的自有资金。优先股资金的增加,可以提高公司权益资金比例,提升公司的资金实力和信誉,提高公司的举债能力。④可使普通股股东获得财务杠杆收益。由于优先股股东按票面面值和固定的股息率取得股息,所以当公司的权益资金收益率高于优先股股息率时,发行优先股筹资就可以提高普通股的资金收益

率，普通股股东因此获得财务杠杆收益。⑤保持普通股股东的控制权。由于优先股股东没有表决权和参与公司经营的决策权，因此发行优先股筹资对普通股股东的控制权没有任何影响。如果公司既想筹措主权资本又不愿意分散公司的控制权，利用优先股筹资不失为一种恰当的选择。

3. 优先股筹资的缺点

①资金成本较高。优先股的股息率一般高于债券利息率，并且优先股股息是用税后利润支付的，不能抵税，增加了公司的所得税负担，所以利用优先股筹资的资金成本虽低于普通股，但高于债务资金的成本。②可能形成固定的财务负担。相对于借入资金筹资方式而言，尽管发行优先股筹资具有"股利支付有一定的弹性"的好处，但一般情况下公司仍须尽力支付优先股股利，从而形成相对固定的财务负担。因为股利的延期支付有可能损害公司的财务形象，导致普通股股价下跌，给公司的生产经营和以后的筹资带来障碍。此外，优先股股东的优先权还增加了普通股股东的风险。③可能产生负财务杠杆作用。当公司的权益资金利润率低于优先股股息率时，发行优先股筹资，就会降低普通股的资金收益率，普通股股东因此遭受财务杠杆损失。

（四）发行可转换证券筹资

可转换证券是指可以按发行时所附的条件转换成其他类型证券（通常为普通股）的证券，如可转换优先股、可转换债券等。其中，较为常见的是可转换债券，即在特定的时期和条件下可以转换成普通股的企业债券。这种转换并不增加公司的资金总量，但改变了公司的资本结构。

可转换证券的转换价格、转换比率、转换期限及相关条款等基本内容在发行可转换证券时已明确规定。转换价格是指可转换证券转换为普通股时股票的价格；转换比率是指每一张可转换证券所能换得的普通股股数；转换期限是指可转换证券持有者行使转换权的有效期限。转换比率与转换价格的关系可用下面的公式表示：

$$转换价格 = \frac{可转换证券面值}{转换比率}$$

1. 可转换证券筹资的优点

①可降低资金成本。由于可转换证券附有转换权，投资者从中可能获得转换利得，且投资风险相对较小，因此公司能够以低于普通证券利率的利率发行可转

换证券，使得可转换证券转换前的资金成本比普通证券要低。另外，当可转换证券转换成普通股时，其转换成本比直接发行普通股的发行成本也要低得多。②有利于调整资本结构。可转换证券在转换前是公司的负债资金或优先股资金，转换后是公司的普通股资金。投资者行使转换权后，虽然没有增加公司的资金总额，但公司的资本结构发生了变化。尤其是可转换债券转换后，公司的债务资金减少，自有资金增加。负债比例的下降也降低了公司的财务风险，改善了公司的资本结构。

2. 可转换证券筹资的缺点

①可转换证券转换后即丧失了资金成本低的优势。可转换证券转换前是债券或优先股，公司只需支付较低的利息或股息；转换后是普通股，公司需支付较高的股利，成为资金成本高的资金。②可转换债券转换失败时，偿债压力大。大多数公司发行可转换债券的初衷是筹集主权资金，而不是债务资金，即希望投资者行使转换权。如果发行公司经营状况不佳，普通股市价没有如期上扬，投资者将放弃转换权而要求公司偿债，造成发行公司沉重的偿债压力。③转换价格难以合理确定。由于普通股未来市场价格的变化无法准确预测，发行公司因此难以合理确定可转换证券的转换价格。如转换价格过高，易导致转换失败，使发行公司的预期筹资目标难以实现；如转换价格过低，不仅与发行新股相比所筹资金要少得多，而且会损害原股东的利益。

（五）发行认股权证

认股权证是指由股份有限公司发行的，允许持有者在一定时期内以预定价格购买一定数量该公司普通股的选择权凭证。认股权证是一种认购股票的期权，是股票的衍生工具。认股权证可以随公司其他证券一起发行，也可以单独发行。

发行认股权证时需确定其认购期限、认购数量、认购价格及相关条款等。认购期限是指认股权证持有人可以随时行使其认股权的有效期限；认购数量是指每一张认股权证可以认购的普通股的股数；认购价格是指认股权证持有人行使认股权购买普通股的价格。

1. 认股权证筹资的优点

①降低筹资成本。当认股权证附在债券上一起发行时，公司为附认股权证债券支付的利率低于普通企业债券，从而降低了债券筹资成本。投资者虽然暂时

牺牲了一些利息收入，但得到了一项权利，这项权利可能使他未来获得的股票溢价收益超过他所牺牲的利息收入。因此附认股权证债券对投资者也很有吸引力。②增加筹资的灵活性。股份有限公司发行认股权证后，如果公司发展顺利，一方面公司股价会随之上升，促使认股权证持有者行使认股权；另一方面，公司对资金的需求也会增加，认股权的行使正好为公司及时注入大量资金。反之，如果公司不景气，公司不会有新的筹资需求，股价呆滞也会使认股权证持有者放弃认股权。③保护原股东的利益。股份有限公司在利用认股权证对原股东配售新股时，可使一些没有认购能力或不打算认购新股的股东有机会将优先认股权转让，从转让认股权证中获利，并促使股票价格提高，从而有效地保护了原股东的利益。同时新股认购率也会提高，使公司的股票能顺利发行。

2.认股权证筹资的缺点

由于认股权的行使不是强制的，认股权证持有者是否行使、何时行使该权利，公司无法预先确定。因此公司很难控制资金的取得时间，这会给公司有效安排和使用资金带来困难。

二、债务资金筹资方式

债务资金筹资方式主要有银行借款、发行企业债券和融资租赁等。

（一）银行借款

银行借款是指企业向银行或其他非银行金融机构借入的各种借款。按借款期限的长短可分为长期借款和短期借款。办理银行借款时，企业与银行之间要签订借款合同，以明确借贷双方的权利和义务。借款合同中应包含借款金额、借款期限、还款方式、借款利率及利息支付方式、借款担保等基本条款，还要包括对贷款企业的一些限制性条款。

1.银行借款筹资的优点

①筹资速度快。企业采用发行股票、债券等方式筹资，需做好发行前的各项准备工作，而且证券发行也需要一段时间，一般耗时长，程序复杂。而银行借款只需通过与银行谈判即可取得，所需时间较短，程序较为简单，资金获得迅速。②资金成本低。银行借款直接从银行取得，筹资费用较少，银行借款利率一般也低于长期债券利率，其利息费用也可在税前列支。因此，银行借款比债券筹资的

成本更低。③筹资弹性较大。企业与银行可以通过直接商谈确定借款的数额、时间和利率等。在借款期间，如果企业的情况发生变化，也可再与银行协商变更某些条款。而股票和债券等筹资方式是面向广大社会投资者的，协商改变筹资条款的可能性很小。④可产生财务杠杆作用。使用银行借款筹资的企业只需支付固定的利息，当企业的利润率高于借款利率时，能发挥财务杠杆的作用，使所有者从中获得差额利润，从而提高所有者的收益水平。

2. 银行借款筹资的缺点

①筹资风险较高。企业向银行借款，必须定期还本付息，企业不景气，可能会产生不能按期偿付的风险，甚至可能导致破产。②限制性条款较多。这些限制性条款使企业在财务管理和生产经营等方面受到某种程度的限制，约束了企业以后的筹资、投资及经营活动。③筹资数量有限。为了降低贷款风险，银行一般对企业借款的数额会有一定的限制，无法满足企业筹集大量资金的需要。

（二）发行企业债券

企业债券又称公司债券，是指企业依照法定程序发行的、约定在一定期限内还本付息的有价证券。债券本质上是一种公开化、社会化的借据，是发行者为筹集资金向社会借钱。债券的基本要素包括债券面值、债券期限、债券利率和债券价格。

企业债券的持有者有权按约定期限取得利息、收回本金，对企业的盈亏不承担责任，有权将债券转让、抵押和赠送；但无权参与企业的经营管理，也不参与分红。

1. 债券筹资的优点

①资金成本较低。企业债券的利息通常低于优先股和普通股的股息和红利，利息费用还可作为经营费用在税前成本中列支，具有减税作用。且与发行股票筹资相比，债券的发行费用也要低得多。因此，债券筹资的资金成本低于股票筹资。②能产生财务杠杆作用。发行债券的利息费用是预先约定的固定成本，当企业的资金利润率高于债券利息率时，采用债券筹资会增加所有者收益水平。③可保障股东的控制权。债券持有人的权利仅仅是按期收回债券本息，没有表决权，更无权参与企业的生产经营管理。因此，债券筹资对股东的控制权基本上没有影响，可避免普通股筹资稀释企业控制权的缺陷。④便于调整资本结构。如果企业发行的是可转换债券，当债券持有人行使转换权时，这部分债务资金便转化为权益资

金；如果企业发行的是可赎回债券，当企业资金充裕时，企业可及时赎回债券，这样既减轻了企业的利息负担，又降低了债务资金比例，企业的财务风险也随之降低。因此，可转换债券和可赎回债券的发行有利于企业主动、合理地调整资本结构。

2. 债券筹资的缺点

①财务风险较高。债券本息是企业固定的财务负担，当经营状况不佳时，企业可能遇到无力支付债券本息的财务困难，有时甚至会面临破产清算。同时，由于必须定期还本付息，企业要定期准备充足的现金，这加重了对企业资金平衡的要求。②可能产生负财务杠杆作用。企业债券的资金成本是固定的，当企业经营不善以至于资金利润率低于债券利息率时，采用债券筹资会降低所有者收益水平。③限制条款较多。为了有效保护债券持有人的权益，发行企业债券的契约中附有许多限制性条款，这些条款限制了企业财务应有的灵活性，可能有损企业的正常发展及未来的筹资能力。另外，企业债券的筹资数量也受到相关法规的限制。

（三）融资租赁

租赁是指出租人（财产所有人）在契约或合同规定的期限内，将租赁物的使用权和一定范围内对租赁物的处分权让渡给承租人（财产使用人），同时按期向承租人收取租金的经济行为。融资租赁也称财务租赁、资本租赁，是由租赁公司按照承租方的要求出资购买设备，在较长的契约或合同期内提供给承租方使用的一种信用业务。融资租赁的主要目的是筹资，它是一种将筹资与融物相结合，带有商品销售性质的租赁形式。

融资租赁的租赁期一般超过租赁资产有效使用期的50%，是长期且比较固定的租赁业务；融资租赁合同一经签订，在租赁期间双方均无权中途解约；由承租方负责租赁资产的维修、保养和保险；资产所有权在租赁期满时一般有留购、退租和续租三种选择，承租方大多采用留购的处置方式，这样可以免除租赁公司处理设备的麻烦。

1. 融资租赁筹资的优点

①能迅速获得所需资产。租赁是一种兼融资与融物于一体的筹资方式，相当于在取得购买资产所需要的资金的同时，用这笔资金购买了资产。这显然比先筹资后购置资产的方式更迅速、更灵活，能使企业尽快形成生产经营能力。②筹资限制少，灵活性强。企业发行股票、债券筹资时，需要经过严格的资格审核，运

用长期借款筹资时，往往也要受到许多限制性条款的制约。租赁中出租方对承租方的限制和要求则较少。有些企业由于种种原因，如负债比率过高、银行借款信用额度已用完、资信较弱等，不容易进一步举债筹集资金。这时可采取租赁形式，在不必支付大量资金的情况下就能得到所需资产，既可以解决企业的筹资困难，又达到了全额筹资的目的。③能保持资金的流动性。在租赁方式下，企业不必一次性支付大量现金用于购置资产，从而保持了资金的流动性。租金是在整个租赁期内分期支付的，分散了企业不能偿付的风险。而且租金可在税前扣除，减少了承租方的所得税支出。

2. 融资租赁筹资的缺点

①筹资成本高。租赁的租金一般包括资产价款、资金利息、租赁手续费及出租方合理的报酬，其筹资成本显然要高于债券和借款等筹资方式。②固定债务增加。承租方在租赁期内需定期向出租方支付一笔租金，这无疑给承租方带来了固定偿债压力，尤其是在企业财务状况不好时。

第二节　投资管理

一、股权投资管理

随着经济体制改革的不断深化，我国企业进入了新的发展时期。如何充分利用这一良好的发展机遇助力自身发展成为企业最为关心的问题。企业若要实现紧抓机遇的目的，首先要加强资金管理。毕竟资金是企业的血液，是开展一切经营活动的基础，更是企业扩大业务规模、增强经营稳定性不可或缺的支柱。为了实现对资金的高效利用，企业采取了种种方式，股权投资就是其中较为有效的一种。通过股权投资，企业既能够盘活闲置资金，又能增强对被投资企业的控制力度，从而实现资金的最大化利用；同时，企业也要在一定程度上承担被投资企业的经营风险。也就是说，股权投资有利有弊。为了扩大有利影响，规避不利影响，企业需要对股权投资展开深入研究，明确管理关键点，找到强化股权投资的有效措施。

（一）股权投资概述

股权投资是指企业通过资金注入、无形资产投入等方式直接投资其他企业，或者以购买其他企业股票的形式取得被投资企业的股份，其最终目的是获得更高的利益。企业进行股权投资时，需要遵循三个原则：一是安全效益原则。虽说风险与收益并存，企业的投资活动必然会伴随风险，但在进行股权投资时，需要避免涉足高风险行业，对于风险不可控、收益难评估的项目也要加以规避，也就是说，要以安全性强、收益率高为投资前提。二是规模适度原则。股权投资一般都是长期投资，所需投入的资金数额较大、回报周期较长，在资金回笼期间容易出现不可控因素，导致投资回报率下降，甚至会影响企业正常运转，因此在进行股权投资时需要控制投资规模，比如，股权投资总额应限制在净资产的50%以下。三是规范效率原则。制定股权投资决策需要严格按照企业相关程序规定进行，所需开展的调查、留存的资料等均需完善；同时要提高各环节的工作效率，避免因效率低下而错过最佳投资时机，导致前期进行的分析论证失去参考意义。

（二）股权投资的必要性

1. 是提高资产利用率的需要

随着企业发展壮大，其所拥有的资产总额也在不断提升。不论是现金流等有形资产，还是技术、人力等无形资产，企业在自身发展过程中容易出现对其使用率不高的情况，导致或是存在一些闲置资产，或是用于自身业务所获取的收益不高。这种投入产出比低下的情况实质上是对企业资产的浪费，因而需要找到更科学的资产使用方式来提高资产利用率，股权投资就是行之有效的方法。具体来说，企业通过市场调研、考察等方式明确适合投资的企业，然后投入适量资产以取得相应股份，如此便可以通过被投资企业的生产经营取得相应收益。这种方式可以将企业的资产用在投入产出比最高的地方，使企业获得最为理想的收益。由此可见，股权投资是企业提高资产利用率的需要。

2. 是分散风险的需要

企业所能开展的自营业务的种类、规模等都是有限的，而且业务经营过程中所产生的风险全部需要自己承担，这对企业来说是较为不利的。因为若是企业实力不够雄厚、业务不够稳定的话，一旦相关市场产生波动，发生不利于企业经营的变动，就有可能影响其经营状况。因此，企业必须学会分散风险。只有将经营过程中可能遇到的风险零散化，才能在一种业务出现问题时有另一种业务做支撑，确保企业经营顺利开展。股权投资就是企业分散风险的一种方式。通过股权投资，企业可以对内部资源进行再调配，在确保自营业务稳定发展的前提下，将额外的资产进行投资，可以涉足一些低风险、高收益的行业，既实现企业业务种类的多元化，又能提高业务弹性和风险适应性，降低风险发生率和不利影响。

3. 是提高市场控制力的需要

对于企业来说，其必定是处在产业链的某一环节，有与其相关联的上下游企业，各个企业之间有着紧密的利益联系，一旦上下游企业发生变动，或是经营状况出现问题，或是二者之间合作不够顺利，都会影响企业自身的发展运营。比如，原材料供应商延迟供货、供货品质不达标等，都会导致企业利益受损。因此，企业若要确保经营业务稳定，就必须加强对相关市场的控制力度。进行股权投资则是企业提高市场控制力的有效手段。这是因为，通过对上下游企业进行股权投资，企业可以取得其一定的股权。根据股权多少，企业所拥有的掌控力度也是不同的。比如，企业若是拥有足够的股权，则有权决定被投资方的经营决策，使之做出最有利于企业的决策；若是企业拥有的股权有限，那么可以对被投资方施加一定压力，使其在制定决策时将企业的利益考虑在内。

4. 是调整资产结构、增强企业资产流动性的需要

股权投资是以获取被投资企业股份的模式进行的，所以其标的主要是股份，特别是可在资本市场上自由交易的股份，其流动性很强，上市公司的股票是随时可以进行自由交易的。因此，当企业有投资计划且有相应资金时可以通过评估买入合适企业的股票，而在需要资金时或者是发现所投资企业股票走势预期不好时，又可以随时将股票卖出获得现金。这样既有利于增强企业资产的流动性，又可以使企业的闲散资金获取高收益，不会因为股权投资而影响企业资产的变现能力，又可以调整优化企业的资产结构。

（三）加强股权投资管理的措施

1. 加强人才培养

人才是企业最宝贵的财富。企业在分析考察市场、制定经营决策时，除了依靠全面的信息资料，最重要的是依靠高水平的人才，只有高水平的人才，才能充分利用企业所收集的信息资料，使企业的经营决策取得理想的效果。而股权投资本身就是一项较为复杂且关系重大的决策事项，必须有专业人员的参与，因此，

若要加强股权投资管理，首先要做的就是加强人才培养，保证所做每一项决策的合理性，减少风险。一方面是理论培养，即通过专家讲授、案例分析、情景模拟等方式开展培训课程，通过培训提高工作人员的理论知识水平，并使其熟悉每个操作环节的关键事项，为实际操作奠定基础。另一方面，要增加工作人员的实际工作经验，这就要求企业在开展培训时，必须保证所学课程、知识和具体工作有着高度契合性；培训结束后，企业要为参培员工提供应用培训所学知识的机会，使其能够将所学知识尽快应用于具体工作中，提高其实际操作水平。此外，企业应该着重培养工作人员的市场敏感性、信息分析能力以及全局观念，使其能够及时捕捉到市场变化所传递出来的信息，并做好下一阶段的预测，确保能够从足够的高度进行股权投资相关分析。

2. 做实可行性研究

可行性研究是企业进行股权投资前必须进行的工作，而且至关重要。这是因为，一项股权投资决策是否制定和执行，关键是要参考可行性分析报告。通过此报告，可以了解此项投资的资产投入、效益回报、回报周期等种种信息，明确可行性高低，再结合企业的实际情况、需求等做出最终决策。一旦可行性研究浮于表面、流于形式，不能反映最为真实的情况，那么最终报告的科学性就有待商榷，可参考价值就不大了。鉴于此，需要做实可行性研究。首先，企业在投资前必须进行深入的市场调查，从多个维度了解拟投资行业乃至相关行业的发展现状、趋势及经营业绩等，收集足够的市场信息以作后续分析的支持性材料。其次，要做好敏感性分析，对拟投资行业和产品相关的影响因素进行深入分析，包括国家政策、技术发展、替代产品、行业周期等，通过对相关影响因素的分析洞悉行业和产品的未来发展趋势，预先考虑股权投资过程中可能出现的问题或遇到的风险等，并制定有效的应对措施，判断投资的可行性。最后，要深入了解拟投资企业的真实情况，包括经济实力、科研实力、人力资本等，确保企业的可行性分析是在知悉拟投资企业真实情况的前提下进行的，避免因股权投资而面临风险。

3. 合理设置治理结构

企业的发展状况与被投资企业的治理结构密切相关，若是被投资企业的治理结构不利于股东，那么企业进行股权投资后也无法获得预期收益，一旦被投资企业出现经营问题，企业还要面临相应风险并承担损失。因此，对被投资企业治理结构的确定，需要以股东风险最小化、利益最大化为原则。而这就需要明确企业对被投资企业的控制程度，是实际控制还是仅参股。若是非实际控制而仅为参股，那么控股比例最好限制在 40% 以下，防止投入大量资金却没能实际操控被投资企业的经营决策，反而要承担极大风险的情况发生。其次是科学设置决策机制，尤其是股东大会、董事会等会议机制的确定，若是实际控制，那么要慎重分配决策权力，避免出现制定决策时被小股东牵制的情况；若是仅参股，则要关注一票否决权的设计方案，明确企业是否有一票否决权。同时企业要形成科学的投资决策体系，对股权投资项目做出的决策要在可行性研究的基础上，集思广益，保证做决策的组织层级科学合理，提高决策的合理性。

4. 建立并完善风险预警机制

所谓的风险预警机制，不仅仅是针对投资风险，还有股权投资阶段的筹资风险等。完善有效的风险预警机制可以帮助企业更好地规避风险，或及时化解风险。首先，企业自身应该有完善的风险预警机制，全面做好企业经营运转过程中所面临的各类风险的预警工作，在触发预警警戒线时及时做出反应，避免发生风险或影响范围扩大。其次，企业要在被投资企业里也建立风险预警体系，特别是在拥有绝对控股权的情况下，这样可以实时监督所投资股权项目的运营情况，能够在被投资企业出现不利变化时迅速进行调整，避免股权投资项目出现损失甚至是更坏的局面。最后，做好风险识别和评估工作，从专业角度加强对风险的识别，并合理评估风险发生的可能性及影响，在企业风险可承受范围内建立完善的风险预警红线，发挥风险预警机制的作用。

综上所述，企业进行股权投资既是提高资产利用率的需要，也是分散风险、提高市场控制力的需要。在进行股权投资时，企业要遵循安全效益、规模适度和规范效率三个原则。为了加强股权投资管理，提高投资的科学性，企业可以采取加强人才培养、做实可行性研究、合理设置治理结构、建立并完善风险预警机制等措施，不断提高企业股权投资的科学性以及管理的有效性，保障股权投资的收益性。

二、项目投资管理

企业可以通过项目投资提高经济效益，推动自身长久发展。对项目投资管理进行重点研究分析是当前企业发展规划的重点课题。

(一)项目投资管理面临的新局面

1. 项目融资难度逐步加大

在过去传统的投资模式下,项目的建设资金主要来自企业自有资金、贷款等,在项目建设完成后,通过后续运营管理取得项目收益。但是,受近年来国际宏观经济下行压力加大、国内投资放缓等因素的影响,项目建设面临的融资压力逐步增加。单纯依靠银行贷款势必增加企业的资产负债率,甚至妨害企业日常生产经营。如何完善融资渠道,盘活企业资产,是对企业投资项目管理提出的新挑战。

2. 项目的经济效益低于预期

项目的经济效益主要取决于项目投资概算与后续运营管理。例如,项目受建设工期较长的影响,人工、原材料成本增加,加之个别项目设计变更较多等,会导致项目的实际投资远超项目概算,致使项目的总体收益低于预期;同时,也存在由于运营管理成本居高不下、项目重复建设分流市场等,个别项目的运营收益低于预期,项目的经济效益受到负面影响。

(二)加强项目投资管理的意义

1. 有利于改善企业的资本结构

对于企业而言,自有资本、企业成立时投入的资金以及企业投入运营后产生的收益等资产,均为企业可用的投资资源。企业单纯依靠自身资源完成项目投资,既不利于企业的日常生产经营,又无法做到对内外部资源进行有效利用,而单一的银行贷款融资模式也越来越无法满足企业的投资需求。在新的环境下,丰富融资渠道,完善融资方案,不但有助于推进企业新上项目的建设,还可以为企业的正常运行提供保障。不仅如此,企业还可以借助融资管理,将固定资产转变为流动资金,有效提高市场信誉,从而利用短期贷款筹措资金,之后将这些资金投入到企业其他项目的建设和经营过程中,改善企业的资本结构。

2. 有利于完善企业的管理制度

对于企业来说,企业的长远发展离不开完善的管理制度。加强企业投资项目管理,倒逼企业完善管理制度,有利于企业防范项目风险,降低项目管理成本,提高项目后期的运营效率,增加项目未来的收益,更好地实现项目的经济效益目标。同时,完善的内控制度与核算管理制度可以为项目落地、为企业确立合理的投资计划提供参考信息,进而提升企业内部管理决策的科学性。

（三）项目投资管理的措施

1. 企业的投资项目与发展战略相匹配

企业的发展一方面依靠日常生产经营，另一方面依靠扩大生产规模、并购标的企业实现资本扩张。企业的投资标的项目必须与企业的发展战略相匹配，与企业的主业发展相适应，将有限的资源投入到更加契合企业发展的项目中。在跨行业投资时审慎论证，深入做好行业研究与风险控制工作，实现企业滚动发展。新时期市场经济复杂多变，在新的投资环境下企业要寻找适合企业发展的投资标的，论证项目实施的影响，实现生产经营与项目投资双轮驱动企业发展，为企业长久发展提供持续动力。

2. 健全企业金融投资预算管理体系

当企业规模发展到一定程度，最大的风险并非来自日常经营，而是在于企业盲目扩张导致的资金链断裂。企业投资项目的论证前提在于企业的融资能力及企业现金流的承受能力。在企业投资项目决策时，需对企业的投资能力给予准确判断，避免项目投资影响企业的经营性现金流，切实规避盲目投资、过度扩张。因此，健全企业的投资预算管理体系，能够为企业的投资管理提供重要支撑。具体措施如下：首先，培养企业财务和管理人员形成良好的投资管理理念。当前我国市场经济发展日新月异，管理人员只有具有敏锐的市场嗅觉，才能为企业投资规划指明方向，所以企业需要建立健全的投资预算管理体系，提升资金综合投资利用率。其次，加强企业内部资金预算，保证资金预算科学、合理、高效、规范。最后，对企业投资预算责任机制进行完善，在该机制的作用下，预算行为的相关责任落实到个人，结合相应的奖罚制度，能够促使预算人员明确工作重点，强化个人责任意识，提高预算管理体系的有效性。

3. 做好企业投资计划

投资计划是投资项目落地的指导总纲，是企业短期投资行为的实施方略。年度投资计划的编制是年度投资行为的前提与基础。企业针对投资能力、投资风险、收益测算等事项进行系统分析，根据企业的资金承受能力，选取与现阶段企业发展契合度最高的项目，适当舍弃与企业发展不适应的项目，编制年度投资实施方案，确保投资计划符合企业经营需求，做到企业投资有的放矢。

4. 实现投资项目全过程管理

在新时期项目投资管理过程中，企业除了对传统项目建设过程的管控外，要更加注重项目全过程管理。所谓投资项目全过程管理，是指对投资项目从项目论证阶段开始，到项目建设实施、竣工验收、生产经营为止的全生命周期管理，主要分为项目事前决策、项目事中控制、项目事后管控。项目事前决策主要指从项目所处行业、企业投资能力、项目收益分析、项目风险论证等各个方面全面考察项目，对项目是否开展进行准确的判断。项目事中控制主要是针对项目投资概算、项目实施进度、项目建设质量等方面，从资金、节点、质量三个角度对项目建设进行管控。项目事后管控主要是对项目竣工验收并转产运营后的经营效益进行分析，与项目决策阶段的效益论证进行对比，验证项目效益是否达到预期，如未达到预期，审查相关原因，并提出具有针对性的改善方案。为了实现项目全过程管理，要针对各个环节制定对应的管理办法，严格奖惩机制，这样，通过项目全过程管理，切实实现企业投资对企业发展的持久驱动作用。

5. 提升企业内部投资团队的业务水平

首先，强化投资团队的宏观意识，注重国家政策变化对项目的影响。在市场经济中，投资行为会受到国家宏观调控的影响，因此企业需明确国家当前的政策，思考企业发展与政策的契合点。其次，完善激励机制与考核机制。一方面，制定切实可行的激励措施，综合考虑物质与精神激励相结合，增强团队的凝聚力；另一方面，严格落实项目考核措施，增强投资团队对于项目实施的责任心，多措并举，提高团队的投资效率。最后，始终保持团队的学习能力。外部环境的复杂多变，对企业投资项目的选择与落地提出了更高的要求，这就要求投资团队始终保持学习能力，接受新鲜事物，探索潜在的发展机遇，从而对项目进行合理判断，提升投资团队的业务水平。

综上所述，随着信息时代的到来，项目投资管理将会面临不一样的风险和机遇。在竞争日益激烈的环境下，要想推动企业长足发展，企业应该充分意识到投资管理的重要性，丰富企业的融资渠道，做好企业的投资计划，实现投资项目全过程管理，强化企业内部投资团队的业务水平，助力企业健康稳定发展。

第三节 成本管理

任何经济活动都会涉及成本，成本直接影响最终的收益，是企业经济活动中需要考虑的关键因素之一。成本管理则是在着眼企业全局的条件下，从各个环节对生产成本进行控制和管理。一个企业的正常运作涉及多个环节，每个环节都会产生一定的成本，最终的盈利额要在销售额里扣除成本，因此成本越低，企业的效益才会越好。

大部分企业已经认识到了成本管理的重要性，在企业的运行过程中也采取了一定的手段控制成本，但是从整体上而言，我国企业的成本管理仍存在一定的问题。首先，观念比较落后。在一些人的观念里，成本管理就是一味地减少成本，甚至不惜牺牲产品质量和品牌声誉，这种做法往往得不偿失，损害了企业的形象。其次，企业预算不到位。在一些工程和项目的开展过程中，企业没有贯彻落实预算管理，最终使得成本与预算相差太远，减少了企业的最终效益。最后，企业的成本管理工作不科学，造成相应信息无法匹配现实情况，与市场实际脱轨。在这种问题的影响下，企业成本管理发挥的作用有限，因此，必须创新现有的企业成本管理方式，才能推动企业跨越式发展。

一、创新成本管理观念

实践证明，传统的成本管理观念已难以适应当前的市场环境，必须转变思维，不断求新求变，开拓创新，才能做好成本管理工作。首先，应当树立全面成本观念。在以往的观念中，所谓的成本只包括生产产品所需要的成本，这是最直接的成本，但成本远不止这些。产品的开发、生产、运输等环节都会产生消耗，这些都属于成本的一部分，全面成本就是要将企业运行的各个环节所可能产生的开支都包括在内，这样企业日常活动中的各项开支便一目了然，从而有利于从整体上把握企业的真实情况，寻求有效的盈利方式。成本管理观念是支配企业活动的"领导者"，只有从根源上树立正确的成本管理观念，后续工作才能顺利地进行下去。其次，要形成成本效益观念。在一些人的观念中，尽可能地减少成本就可以增加企业的盈利，殊不知，一味地压缩成本，甚至不惜以次充好，会使得产品的质量大打折扣，降低产品在消费者心中的地位，树立不好的形象，最终导致企业的效益一落千丈。企业成本管理决不能再走这样的老路，而是要在保证产品质量的同时，寻求科学的成本管理方式，用质量和口碑提高企业的效益，赢得消费者的信任，从而提升企业的效益。

二、做好市场调研，创新预算管理

预算在企业成本管理中占据着重要地位，预算直接影响企业后期的收益，有些企业正是因为不重视预算管理，前期没有与市场衔接，最终导致预算与实际情况严重不符，减少了企业的最终盈利。因此，做好预算也是控制成本的重要手段之一，理应做好前期的市场调研，创新预算管理。企业在一个项目开始之前，应当派专业人员进行调研，根据市场的真实情况，对各个环节可能需要的成本做出详细的报告，以便企业管理者能够更好地认识这一项目可能需要的成本和最终可能获得的盈利，从而更好地做出决策。做好预算需要建立一支专业的预算队伍，确保预算的科学性，真正为企业的运营发挥相应的作用。此外，做好预算管理不仅要对成本进行预算，还要对未来可能获得的收益进行预算，从而让企业管理者更直观地了解最终的收益情况，做好成本管控工作。

三、加强科技创新，节约成本

"科学技术是第一生产力"，不重视科技的企业势必要被市场淘汰。通过科技创新一方面可以丰富产品的功能，吸引更多的消费者；另一方面也可以节约成本、提高效益。在一些企业当中，产品的生产需要大量的机器，一些大型器械的工作效率不高还需要大量的人力，长此以往便会在无形中增加产品的成本，降低效益。因此，加强科技创新无疑是节约成本的一个好办法。企业可以引进先进的技术和器材，或者加大人力和资金投入研发新的技术和产品，虽然前期需要投入一些资金，相应增加成本，但是从长远来看，新的技术可以提高企业的生产效率和产品质量，减少人力和物力的投入，因此加强科技投入是十分必要的。

四、提高员工的成本管理能力，建立专业的队伍

企业的成本管理工作离不开专业的工作人员，一些企业缺少专业的成本管理

工作人员，导致成本管理政策难以真正贯彻落实。针对此种情况，若想实现企业成本管理的创新，必须建立一支专业的队伍，通过员工之间的相互合作，从各个环节入手，加强相应的管理工作，做好前期的成本预算并严格按照预算推进各环节工作，如果出现严重超支的情况应当尽快采取相应措施，做好管理工作。另外，企业应当引导员工树立成本观念，在企业的日常活动中严格贯彻成本管理制度，强化每一个环节。

总之，成本管理在企业的发展过程中至关重要，直接关系到企业最终的收益情况。针对目前的情况，企业为了实现综合发展，对于运营中的各个环节都应当加强管理，建立专业的管理队伍，帮助员工树立正确的观念，做好预算等相应工作，实现企业效益的最大化。

第四节　股利分配管理

在快速发展的现代社会中，市场竞争越来越激烈，企业财务管理工作是影响企业能否长久稳定发展的重要因素。本节将从财务管理中的股利分配问题入手进行研究，这对于企业的发展来说具有重要的社会现实意义和不可忽略的价值，也希望能够激发更为广泛的思考和讨论，进而促进该领域的研究更加深入。

一、股利分配的内涵

所谓股利分配，是指股东按照特定的形式从自身所持有股份的企业获得的收益，从内容角度来说包括股息以及红利。而股东能够获得相应的股利，最为重要的因素是其所持股的企业经过正常的经营具有经营成果，也就是所获得的收益。从形式来说，股利分配既包括现金股利分配，也包括股票股利分配。在股利具体的分配过程中，可以实行定期稳定的分配政策，也可以依据企业的具体运作情况来设定具体的分配政策。

二、股利分配的现状

目前，我国上市企业进行股利分配的过程中，主要存在以下几方面的问题：
首先，部分企业在自身经营获得了足够盈利或可观盈利的情况下仍然做出不分股利或少分股利的决策，给中小股东的理由主要为企业需要为后续的经营留存足够的资本。从经营的角度来说，此种决策无可厚非，企业长久稳定的经营也能够带来更为可观的收入，但与此同时，企业在股市中进行大规模的资本融资，并且给予高管层大规模加薪，在一定程度上漠视了中小股东的股利分配要求。其次，从股利分配的原则来说，股利分配一般需要企业董事会进行决议，而根据少数服从多数的原则，股利分配的具体原则往往是按照大股东的意愿确定的，部分大股东在制定股利分配原则的过程中，只考虑当前的现金收入情况，并没有充分考虑企业的长久发展。再者，在股利分配过程中，由于缺乏成熟的考虑和足够的市场洞见，部分企业往往出现不同年份之间相差甚远的状况，股利分配政策本身的稳定执行性不强。最后，很多企业利用股利分配进行再次融资、圈钱，将股利分配与融资共同推进。

三、股利分配管理的措施

（一）设定限制条件

为了保证企业健康运作和经营，避免多方主体的利益受到恶意威胁或损坏，企业在进行股利分配的过程中受到多维度政策的限制，进而避免在企业内部出现不良操作。具体来说，若企业在经营过程中借入了前期债务，在债务未到期完全偿还的过程中进行股利分配，需要满足债务合同中的具体条款；若企业在股利分配的过程中计划采用以现金的形式进行分配，则需要预留足够的资金进行未来一段时间内的运营周转，避免股利分配或恶性操作行为导致企业在后续的经营过程中出现问题，进而损害广大股东的基本权益。

（二）考虑经济环境因素

外部经济环境对于市场环境中的经济主体行为具有直接的影响，尤其是经济环境波动较为剧烈的时代，经济主体的决策更受到较大的影响。在进行股利分配的决策过程中，越来越多的企业倾向于采用现金股利的分配形式，但当外部经济环境出现较为严重的通货膨胀时，现金本身的购买能力下降，企业预留的购买重大资产的资金已不足以满足基本的支付要求，则需要从经营利润中进行找补，这就直接影响了股利分配的金额。因此，在进行股利分配的过程中，为了自身能够长期运行，企业还需要充分考虑外部的经济环境因素。

(三)考虑市场环境因素

对于企业而言,目前最为广泛的、最受青睐的股利分配形式为现金股利,但现金股利派发也受到外部市场环境的影响。从企业经营的角度来看,若外部环境中拥有较多的投资空间和机会,企业为了获得更高水平的收益则需要更多的资金支持,那么在当年周期内的股利派发过程中则偏向采用低股利的形式,留存更多的灵活资金进行投资;而如果市场外部环境中的投资机会较少,扩大规模获利的机会并不明显,则企业可能会在股利分配的过程中采用高股利的形式。外部市场环境直接影响企业在股利分配过程中的决策以及操作空间。

(四)考虑经济能力

企业在进行股利分配的过程中,通过现金股利分配尽管能够满足大部分股东的需求,但仍然需要充分考虑自身的运行是否能够维持,要保证企业在拥有债务时具有持续偿还能力,进而保持企业在市场经济环境中的良好形象和信誉。需要注意的是,企业在考虑偿还能力时,还需要考虑自持资产情况,主要参考指标是企业的资产变现能力,也就是现金支付能力,企业拥有稳定的现金支付能力才能够灵活安全地应对债务和满足自身运作的需求。尤其对于高位发展阶段的企业而言,它们可能拥有大量的固定资产,但灵活资金的体量并不大,那么这些企业的变现能力是相对弱的,在进行股利分配的过程中要更为谨慎。

(五)考虑投资者因素

企业的投资者构成并不是单一的,多样化的投资群体导致企业在股利分配的过程中需要进行更为全面的考量。具体来说,少量投资者属于企业的永久性股东群体,这部分人对企业的忠诚度最高,希望企业能够不断发展壮大,并且具有长期稳定发展的能力,因此对于短期内的股利分配重视程度并不高;还有部分股东注重稳定的高额股利分配,希望能够拥有定期的股利收入;另外还有众多投机群体,他们希望在短期内获得较高的利益收入。对于企业而言,这三种投资群体都是必不可少的,因此在股利分配的过程中需要充分考虑这三种群体的特征和需求。

四、股利分配对企业发展的影响

（一）请求权对企业的负面影响

为了能够切实维护多方投资群体的利益，在企业进行股利分配的过程中，股利分配决策往往掌握在高层管理人员及大股东手里，因此在股利分配的过程中可能会出现倾斜、不公平的现象，进而导致中小股东的权益无法得到维护。在具体的操作环节中，中小股东为了维护自身的利益可以对企业进行法律起诉，以维护自身的请求权力。需要注意的是，这种操作不可避免地会对企业造成一定的负面影响，尤其是对企业在市场环境中的信誉造成不可挽回的负面影响。因此，为了能够切实维护企业的形象和长期稳定发展，在股利分配过程中需要切实考虑中小股东的权益，避免出现不公平的股利分配。

（二）对企业成长的影响

在现代市场经济环境中，企业的长久发展离不开融资市场的支持，而融资市场需求以企业本身的实力、信誉情况作为基础，若企业在经营过程中恶性地不进行股利分配，则可能给资本市场传递出不良的信号，造成资本对企业能力、经营信心的下降，甚至对企业的信誉产生怀疑，不利于企业后续融资。因此，企业从长久发展的角度进行考虑，需要切实根据自身的经营情况进行股利分配，及时公开信息，在资本市场中注重维护自身形象，避免为了短期利益损坏长期形象，尤其是在现代社会中，信息传递成本较低，信息传递速度更快，企业的形象维护需要投入更大的精力。

（三）对财务情况的影响

企业制定股利分配政策时，需要切实考虑到自身的资金情况和未来运作的资金需求，充分考虑不同投资人的获利诉求。企业的长久发展，不仅关系到投资群体的利益，更关系到企业员工及相关业务领域的正常运作。正确、科学地评估企业的股利分配能力，避免由于核算的失误、决策的失误甚至是恶意的决策，损害他人的利益，甚至由于出现不合规行为而走入社会基本道德的背面。因此，企业股利分配不仅关系到对投资人的负责和回馈，还需要从企业作为一个经济主体的运行角度来考虑，避免不科学的分配影响企业的财务情况，进而影响企业的健康运作。

在现代市场环境中，股利分配已经成为众多上市企业面临的重要问题，股利分配的合理性将直接关系到企业未来的长久发展，在具体操作过程中，需要切实考虑限制条件、经济环境、市场环境、经济能力以及投资者的偏好等，从企业的长久发展出发，真正做出对企业的利好决策，提高企业在市场环境中的形象和信誉度，促进企业良好健康地发展。

第五节　国有企业财务管理应用

国有企业作为我国国民经济的重要组成部分，在社会主义市场经济中发挥着不可替代的作用，为我国的社会主义经济建设提供不竭动力。伴随着国企改革的步伐，国有企业不断改变经济运行模式，发挥自身优势，加强对外交流与合作，把资金或资产用于对外投资。本节以我国某企业为例，具体阐述如何进行国有企业财务管理工作。该企业是一家市属国有企业，承担市政府专项工程，主营房地产经营开发，目前采取的对外投资管理会计工具是项目管理、现金流量法、内部收益率测算等，投资效果良好，收益可观。该企业希望通过不断探索创新，提升企业的绩效营收，实现国有资产保值增值的目标。

一、企业管理现状分析和存在的主要问题

（一）管理会计体系不完善

企业的管理会计工作可以为企业提供有效的会计信息，但是管理会计工作与一般的财务会计工作不同，管理会计工作是为了支持决策，而决策必定是面向未来的。在较多企业中，管理结构设置不太合理，管理制度不够完善，管理者对管理会计完全不重视，认为管理会计可有可无，内部没有设立专门的管理会计岗位，人员分配不合理，权责分配不均衡，使得管理会计人员之间分工不明确，权责不协调，企业难以开展财务分析和成本控制工作。

（二）管理会计理论普及度不高，与实践相脱离

我国企业的管理者更多关注短期目标，而忽略了长远目标的重要性，即使在进行决策的时候也难免会忽视长远目标和外部环境。而管理会计的出现使上述问

题得到改善，并对管理者起到很大的帮助作用，但是大多数企业存在管理会计理论普及度不高的问题，包括系统封闭程度较高的大型国有企业。

（三）相关管理会计人员的综合素质有待提高

在我国，管理会计的日常工作主要是以会计核算和财务管理为主，而企业财务管理决策完全是由企业领导层制定的，管理会计人员在工作中几乎接触不到财务管理工作，因此有些人员不具备相应的管理能力和决策能力，从而导致管理会计人员的综合素质偏低。

二、总体设计

（一）目标

1. 提高本企业对外投资实务操作的能力和水平，为接下来的几个项目投资起到范本作用，使本企业有适合自身实际情况的对外投资参照案例，不断增加和积累一个项目从前期调研、决策到投后管理等各方面的经验。

2. 实现企业资源的优化配置，有助于政府优化投资环境。房地产投资环境与地区经济发展密不可分。房地产业的发展，对于拉动经济增长、扩大就业、加快城市建设有重要作用。

3. 通过本次对外投资项目最终实现整个项目净利率为4.16%，股东内部收益率（IRR）为22.08%，同时按照股权比例折算我公司最终获取净利润4576万元（含股东借款利息）。

4. 加强本企业的财务综合管理能力，通过采用管理会计工具中的项目管理、现金流量法、内部收益率等，对项目进行全成本测算、税费计算、融资成本计算、整体现金流计算、敏感性分析及模拟利润报表等财务测算，并测算项目内部收益率、投资回收期等指标判断该项目投资是否可行。

（二）总体思路

1. 召开企业领导班子会议，由财务经理介绍相关管理会计的概念、管理会计的工具以及利用管理会计工具能起到的效果，使领导们有初步了解。

2. 确定对外投资方案以后，专门成立特别行动小组，由一位班子领导担任组长，组员包括各业务相关部门，各自发挥自己专业领域的特长对项目投资出现的各种可能性进行预测和假设，最后决定是否进行该项目的对外投资。

3. 与合作企业签署对外合作协议，讨论相关合同条款，约定各自的权利和义务。

4. 项目公司成立以后，履行出资人义务并按照约定的股权比例进行货币出资。在项目落地的投后管理与监督过程中，我公司派出一至两名人员进入董事会或监事会，参与重大事项的决策，维护本公司的权利。

5. 每个年度末，聘请我公司指定的会计师事务所进行财务会计审计，出具正式的审计报告。规定每年必须召开一次董事会和股东会。

三、应用过程

（一）参与部门

牵头部门：财务管理部。

配合部门：规划发展部、成本部、经营管理部。

（二）部署要求

1. 资源：我公司的母公司是某集团，是此次A住宅项目地块的出让方，因此拥有得天独厚的资源。我们熟悉并且了解该地块的价值潜力以及该地块出让的进度，这可以让我公司有足够宽裕的时间去筹措资金。合作公司也正是看中我公司的优势才会将比较好的合作条件给到我方。

2. 信息化：我公司积极与毕马威会计师事务所合作，聘请该事务所专门为我公司的对外投资业务和业态模块量身打造财务测算模型。这方便了工作人员的操作，而且各个模块间都设置了计算公式，大大提高了预测的准确性和完整性，提升了工作效率。

3. 外部环境：与相关科研咨询公司合作，搜集行业数据，并对该地块周边的行情和未来趋势进行预判。

（三）具体应用模式和流程

1. A项目概况

（1）项目区位。A项目位于某市南片区，东至上塘路，西至通益路，南至石祥路，北至上塘高架。

（2）区域规划。大运河新城战略定位为国家大运河文化带的首展之区、浙江大运河国际交流样板之区和杭州城北美好生活的品质之区。项目分为三个片区，其中，北片区为区域性公建配套服务中心，中片区为文化产业配套区，南片区为运河文化展示体验区。具体规划定位为：充分挖掘运河文化，完整展示运河历史文化风貌，打造用地面积1200亩，总开发量约120万平方米的集特色小镇、音乐公园、历史文化长廊、滨水商业于一体的运河文化展示体验区。整体规划布局为"一轴、两带、两港、四区"，西侧为住宅配套片区，东侧为文化风貌展示体验片区。

2. 项目的必要性

（1）发展运河文化产业，构建大运河文化带。建设中国大运河文化带是落实党中央号召的重要战略行动，A项目区位优越，拥有独特的水系资源，应充分利用、挖掘项目优势，发展大运河文化产业，打造项目成为大运河文化展示体验区，成为大运河文化带的重要组成部分。

（2）丰富旅游休闲产品。我集团重点依托运河文化、景观优势，发展旅游休闲、文化创意产业。本项目作为核心区段的重要组成部分，应延续桥西建筑风貌特色，与现有运河旅游产品相呼应、相串联，完善运河旅游休闲产品布局，更好地促进杭州大运河旅游景区之间的优势互补、资源整合、协同发展，共同打造世界级旅游产品。

（3）推进公司多元化发展。根据我公司十三五规划"相关多元化"战略发展思路，本项目依托大运河文化，围绕特色商业地产开发，将文化休闲产业与商业物业经营有机结合。这有利于推进公司战略落地，拓展公司在文化、特色商业等相关领域的业务，构建优势业务组合，增强公司的整体实力和综合竞争力。

3. 一期住宅研究

（1）项目土地现状。该区块一期住宅包含两个地块，面积达8.5公顷。

A地块是住宅用地，4.05公顷，容积率2.2，建筑密度30%，绿地率30%，建筑限高55米。

B地块是住宅用地，4.45公顷，容积率2.8，建筑密度26%，绿地率30%，建筑限高80米。

（2）需求端——住宅市场。从2015年起，该市区住宅市场整体均价持续上涨，市场供不应求。该市十区商品住宅库存自2015年下半年持续走低，2018年初降到历史最低位，仅余265万平方米。截至2018年4月，该市各区商品住宅去化周期均不足4个月。2018年该市十区宅地成交建筑面积304万平方米（剔除自持面积），商品住宅成交面积402万平方米，供需缺口高达87万平方米，市场供不应求。

（3）住宅定位。此项目住宅部分客户定位为：①核心客户是周边地缘性客户；②申花、大关、桥西等外溢性客户。

（4）投资规模。①地价预测。对比近期出让的两宗住宅地块，这两宗地块位于上塘单元内，距本项目均约2千米，周边环境与本项目相近，但本项目板块认可度及交通条件较此两地块不足，结合土地评估公司评估，预计最终成交价在31000元/m²左右。观察近期宅地土拍市场，成交自持比例明显降低，大都在10%以内，因此只考虑拥有景观优势05地块。

②售价预测。目前，周边二手房中，我集团相对于其他开发商产品的溢价为14%~18%。若考虑品牌溢价15%，本项目的高层精装售价预计为48000元/m²至50000元/m²。建议本项目高层的整盘均价按照48000元/m²考虑。同时，参考该市其他项目，叠拼较高层的溢价率平均为42%，建议本项目叠拼的整盘均价按照67000元/m²考虑。

③投资规模。05地块经过一系列的财务测算，土地成本31000元/m²，工程成本10073元/m²，财务成本（资本化利息+开发贷款利息）4391元/m²，管理和营销成本1393元/m²，总成本40.5亿元，建设期股东投入30.49亿元，占总成本的75.3%，税后净利润约0.83亿元，净利润率2.07%，股东IRR为3.01%。

（5）融资方案和资金运作成本——A地块。开发贷款10亿元，利率按基准利率上浮30%为6.37%，占用2年，2年利息12740万元。

（6）项目财务指标评价——A地块敏感性分析。考虑自持比例10%的情况下，叠拼售价为67200元/m²，高层售价为48000元/m²。楼面价为31000元/m²时，股东IRR为3.01%；楼面价达到30000元/m²时，股东IRR略低于银行同期五年期贷款利率上浮30%时的盈亏平衡点。

（7）经济效益分析。结合敏感性分析，按照叠拼售价67200元/m²，高层售价48000元/m²，自持比例10%计算，05地块楼面价低于30000元/m²时，我公司可根据与合作企业的战略协议以不超过28%的股比适当参与。针对此次一期住宅地块，双方同意组建联合体参与地块的竞买。

4. 项目风险分析及风险防控建议

（1）本项目属于市区稀缺景观住宅项目，区域、空间规模优势明显，拿地竞争将十分激烈。

（2）地块总价高，我公司现有现金流不足，需采取融资手段。

5. 财务测算结论

针对一期住宅地块，项目总投资94亿元。我公司看好宅地开发及合作企业品牌支持，决定以股权投资方式投资本项目一期住宅A地块28%的股权。

四、取得的成效

（一）情况对比

1. 财务效益

A地块成交价21.66亿元，折合楼面价24321元/m²。我公司进行长期股权投资，占股28%，出资股本金6亿元。经过近2年的项目投资，该项目运营情况良好，已于9月份开盘，2019年末财务报表实现投资收益约500万元。由于项目开盘没多久，前期大部分资金融资成本较高，销售也是近期才正式开始，本年主营业务收入不高，故本年净利润虽然有增加但是不会特别高。2020年度12月底财务报表净利润将会较2019年度同比上涨约40%。

预计未来1年项目如果完全销售完毕，整盘投资收益的幅度会大幅增加，比银行五年期利率收益高许多。所以我们认为通过对该项目的内部收益率、现金流量等进行分析测算，此项目投后反应是良好的，预计未来收益是可观的。

2. 非财务效益

达到了通过项目管理等财务管理手段实现国有企业对外投资的目标，真正实现了国有企业资产稳步增值，杜绝国有资产流失的发生。

（二）对提高企业绩效管理水平的评价

对于A住宅投资项目，投资后我们及时地进行投后管理及建立退出机制，整个投资过程中公司始终有派人员进行现场监督检查，维护股东方利益。无论从财务管理的角度还是销售管理的角度来看，我们目前发挥的监督作用都是有效的，并且能够在年度终了时获得投资者应有的红利。根据现有情况判断，此项目销售去化速度将会很快，利润明显，后续投资回报率可观，资金回笼较快，能够为公司的经营绩效贡献一部分利润。与此同时，上级管理部门也对我公司的对外投资项目采取了一定的激励措施，在该项目赢利的情况下，我公司能够分得5%的奖金绩效，若达不到考核标准但没有出现投资亏损则没有绩效金，相反，倘若项目投后亏损严重并达到一定比例则会按比例扣除相关者的绩效考核金。奖惩分明的绩效管理措施大大提高了企业绩效管理的水平。

在使用内部收益率、现金流量等财务管理工具进行分析测算的过程中，我们发现这些财务管理工具也存在一些局限性。IRR是一个比率，它不能单独使用。要使用IRR方法进行投资分析，还必须有本企业的资本成本才可以，而资本成本是需要计算的。算出的IRR如果大于本企业的资本成本，说明投资项目可行，反之，则应放弃投资项目。净现值则是反映一个项目按现金流量计算的净收益现值，它是个绝对值，在比较投资额不同的项目时有很大的局限性。这个方法就是用现金流出减去现金流入，看看到底能净赚多少钱，它是一个绝对数字，而不是比率。求得的净现值只要大于零，就说明这个项目是可行的，应该进行投资。两者对于独立方案和大多数相关方案的决策结果是相同的，但在对初始投资额不同或现金流量分布差异大的方案进行投资决策时，使用这两种决策分析方法往往会得到相反的结论。因此，我们可以有效地结合敏感性分析，综合判断项目是否可行。

第五章 现代会计概述

现代会计已经成为一种"商务语言",它的用途甚至已经远远超越了商务领域,不能把会计仅仅看成一个由专业会计师操作的技术性很强的工作。实际上,不论是管理一个企业,还是从事信贷或投资,都要与会计概念和会计信息打交道。

第一节 现代会计的概念

会计是在社会生产实践中产生和发展起来的,它是一个古老的名词,其含义也是逐渐固定和不断充实的。人类要生存,社会要发展,就必须进行物质资料生产,生产出来的物质资料,又必须按照一定的方式进行分配、交换和消费,如此周而复始不断更新和重复的过程就叫作再生产过程,或称为经济过程。为了使经济过程效果更好,人们总是力求以尽可能少的劳动耗费,争取尽可能多的劳动成果。要想达到这一目的,就必须在不断采用先进生产技术的同时对经济过程加强控制和管理,需要对劳动耗费和劳动成果进行记录和计算,并将耗费和成果加以比较和分析,借以掌握生产活动的过程和结果。而会计就是为满足社会生产发展和经济管理需要而产生和发展的,并逐渐从生产职能中分离出来,成为一种专职的、独立的经济管理工作。从经济角度来看,会计是以货币为主要计量单位,以凭证为依据,运用各种专门方法,对一定主体的经济业务事项进行核算和监督,填制会计凭证,登记会计账簿,编制财务报告,并向有关方面提供会计信息的一种管理活动。

会计作为一种经济计算活动,具有以下特点:

第一,以货币为主要计量单位。经济过程的计算与记录采用的计量单位,通常有实物量度、劳动量度和货币量度。实物量度是指以实物数量为计量的尺度,如机器以"台"计,粮食以"公斤"计,钢铁以"吨"计,等等;劳动量度是指以劳动所消耗的时间为计量的尺度,如工作日、工作小时等;货币量度是指以财产物资的价值作为计量的尺度,如元、角、分等。实物量度和劳动量度直观、具体,但不同计量单位所表示的数据不能够加总。而货币计量单位有较强的综合性,它可以把性质相同或性质不同的经济业务加以综合、加总、记录和计算。三种计量单位中以货币量度为主要计量单位。

第二,严格地以凭证为依据,记录经济活动并明确经济活动的责任。会计计算经济过程的原始依据是会计凭证,会计凭证是证明经济业务发生的书面文件。这又体现了会计的一个特点,即真实性。只有审核无误的原始凭证才能作为会计计算和记录的依据,以此明确经济活动的责任。

第三,具有全面性、连续性和系统性。会计在利用货币计量单位计算和监督经济过程时,是以经济业务发生的时间先后为顺序连续登记的;对每一项经济业务,都系统地、无一遗漏地进行记录和计算;对取得的会计资料进行加工整理、分类汇总,使之系统化,从而综合反映经济活动的过程及结果。

此外,也有人从核算的角度对会计的概念进行了界定。该观点认为,会计是一个经济信息系统,因为人们经常利用会计的经济计算功能,使用一系列专门方法,并通过严密的规则和科学程序,将日常业务活动记录下来,从各个角度反映企业的财务状况和经营成果,为各方面提供所需的信息资料。投资人所关心的是企业的盈利能力和资本保值、增值情况;债权人所关心的是企业的资产负债水平和偿债能力;对于国家来说,主要是考核和衡量企业对整个社会的贡献能力。而这些信息只有会计能够提供,会计通过对经营过程的核算,把企业经营过程的全貌及数据按一定程序处理加工成有用的经济信息。

第二节 现代会计的对象、职能与目标

一、现代会计的对象

现代会计的对象是指会计信息系统履行职能过程中涉及的具体内容。在现代社会经济条件下,会计的对象具体是指在整个社会再生产过程中能用货币表现的经济活动,即资金运动。由于不同单位(这里所说的"单位",是国家机关、社会团体、企事业单位和其他组织的统称）在社会再生产过程中的特点、性质和作用不同，经济活动的内容不同，会计的具体对象也就不尽相同。

（一）行政事业单位的资金运动

行政事业单位是行政单位和事业单位的统称，这些单位的资金主要来自财政预算资金。这些单位的主要工作或活动是向社会提供行政服务或相应的组织服务，不直接从事物质资料的生产和销售活动，但为了完成各自单位的任务，在为社会提供服务时需要一定的物资、设备、货币资金等，会产生工资支付及其他费用项目支付等。在行政事业单位中，其资金运动主要表现为：首先获得政府的财政预算资金，之后对资金加以使用，如购买各种实物商品、发放工资、支付管理费等，资金使用后予以核销，未使用的将作为结余转入下期继续使用。由此可见，行政事业单位会计的对象具体表现为预算资金的取得、使用、核销、结余转下期等特定形式的预算资金运动。行政事业单位的资金运动如图5-1所示。

```
预算资金的取得 → 使用 → 核销 → 余额
                  ↑              ↓
                  └── 资金循环与周转 ──┘
```

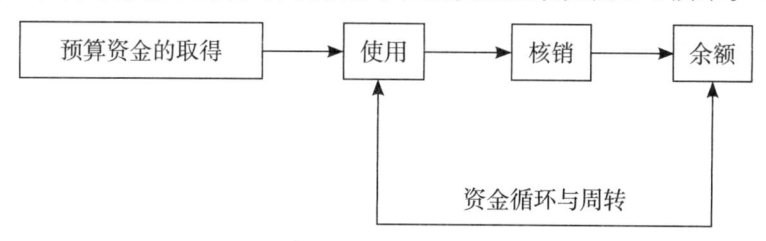

图 5-1　行政事业单位的资金运动

当前，一部分行政事业单位除了完成国家规定的相关服务外，还从事经营活动。例如，一部分科研单位为了开发和推广新技术，以商品交换的方式转让科研成果或直接出售商品。这些单位的资金运动，既包含了预算资金的运动，也包含了经营资金的运动。

（二）工业企业的资金运动

对于工业企业而言，其资金运动表现在筹资活动、经营活动和投资活动中。在筹资活动中，企业要想方设法筹集到所需的资金。在经营活动中，这类企业随着供应、生产、销售等生产经营活动的开展而不断地使用资金，使资金在形式上发生变化。在供应阶段，企业主要用货币资金购买厂房、设备、原材料等，为进行生产做必要的生产储备，从而使货币资金转化为储备资金。在生产阶段，生产工人直接利用各种劳动工具和设备对原材料进行加工，企业要消耗材料、支付工资等，这时一部分储备资金和货币资金转化为生产资金；产品加工完毕验收入库但还未出售时，生产资金就转换为成品资金。在销售阶段，企业将库存产品出售后，结算成品资金又转化为货币资金。在这部分货币资金中，企业将一部分利润以税金的形式上缴国家；将一部分利润偿还债务以及按规定向投资者分配利润等，使资金退出企业；而留存在企业的那部分货币资金又转入下期用以购买材料、支付生产费用等，继续进行周转使用，形成了资金的循环和周转。工业企业的资金运动如图5-2所示。

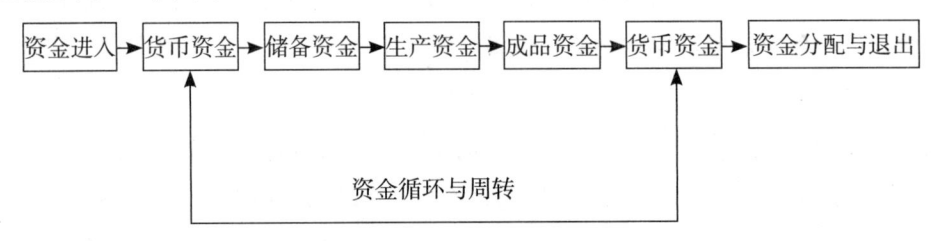

资金进入 → 货币资金 → 储备资金 → 生产资金 → 成品资金 → 货币资金 → 资金分配与退出

资金循环与周转

图 5-2　工业企业的资金运动

此外，工业企业的资金有时还会用于投资活动。在投资活动中，企业将资金投出并取得收益，称为对外投资及其收回。这些资金的增减变动也是工业企业的资金运动。

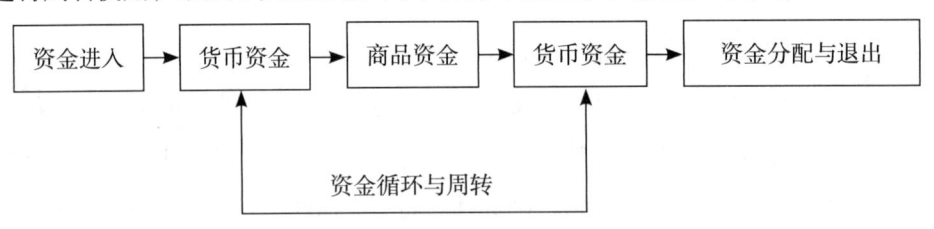

（三）商业企业的资金运动

商业企业的经营活动主要发生在商品流通领域，包括商品的购进和出售两个经营阶段。在购进商品之后，企业的货币资金转化为商品资金；在购进的商品出售之后，商品资金又转化为货币资金。商业企业在这部分货币资金中，将一部分利润以税金的形式上缴国家；将一部分利润偿还债务以及按规定向投资者分配利润等，使资金退出企业；而留存在企业的那部分货币资金又用来购进商品，继续进行周转使用，形成了资金的循环和周转。商业企业的资金运动如图5-3所示。

资金进入 → 货币资金 → 商品资金 → 货币资金 → 资金分配与退出

资金循环与周转

图 5-3　商业企业的资金运动

二、现代会计的职能

（一）反映职能

会计的反映职能也称为核算职能，是指会计以货币为主要计量单位，通过确认、计量、记录、计算、报告等环节，对企业、事业、行政等单位的经济活动进行记账、算账、报账，从而提供相关会计信息的功能。

一般而言，会计的反映职能具有以下特征：

1. 以货币为主要计量单位，从价值量方面反映各单位的经营活动情况

会计在对各单位的经营活动进行反映时，主要使用货币作为计量单位，而实物量单位、其他指标及其文字说明等都处于附属地位。

2. 反映过去已经发生的经营活动

会计反映经济活动就是要反映其事实，探索并说明其真相。只有在每项经营业务发生或完成以后，才能取得该项经济业务完成的书面凭证，所以说，会计的反映是事后行为。

3. 反映具有连续性、系统性和全面性

会计反映的连续性，是指对经济业务的记录是连续的，逐笔、逐日、逐月、逐年，不间断；会计反映的系统性，是指对会计对象要按科学的方法进行分类，进而系统地加工、整理和汇总，以便提供管理所需要的各类信息；会计反映的全面性，是指对每个会计主体所发生的全部经营业务都应该进行记录和反映，不能有任何遗漏。

（二）监督职能

会计的监督职能是指会计以一定的目的和要求为指导，利用会计信息系统所提供的信息，对会计主体的经济活动进行控制，使之达到预期的目标。会计监督经济活动要按照有关的法规和计划进行。

一般而言，会计的监督职能具有以下显著特征：

1. 具有强制性和严肃性

会计监督是依据国家的财经法规和财经纪律来进行的。《中华人民共和国会计法》不仅赋予了会计机构和会计人员监督的权利，而且规定了其法律责任。这使得会计监督具有强制性和严肃性。

2. 具有连续性

社会再生产过程是不间断的，这个持续的过程始终离不开会计监督。各会计主体每发生一笔经济业务，都要通过会计进行反映，由于会计反映具有连续性，会计监督也就具有连续性。

3. 具有完整性

会计监督不仅体现在已经发生或已经完成的经济业务方面，还体现在经济业务发生过程中及发生之前，因此包括事前监督、事中监督和事后监督。事前监督是指会计部门或会计人员在参与制定各种决策及相关的各项计划或费用预算时，依据有关政策、法规、准则等规定对各项经济活动的可行性、合理性、合法性和有效性进行审查，它是对未来经济活动的指导。事中监督是指在日常会计工作中，随时审查企业所发生的经济业务，一旦发现问题，及时提出建议或改进意见，促使有关部门或人员采取措施予以改正。事后监督是指以事先制定的目标、标准和要求为依据，利用会计反映取得的资料对已经完成的经济活动进行考核、分析和评价。

（三）会计两大基本职能的关系

就会计两大基本职能的关系而言，反映职能是监督职能的基础，监督职能是反映职能的保证。如果没有会计反映提供可靠、完整的会计资料，会计监督就没有客观依据，也就无法进行会计监督。如果没有会计监督进行控制，提供有力的保证，就不可能有真实可靠的会计信息，也就无法发挥会计管理的能动作用，会计反映也就失去了存在的意义。由此可见，会计的反映职能和监督职能是紧密结合、密不可分、相辅相成的，同时又是辩证统一的。

三、现代会计的目标

（一）提供对决策有用的会计信息

企业会计核算的主要目的是满足财务报告使用者的信息需要，辅助其做出经济决策。因此，向会计信息使用者提供对做出决策有用的信息是会计的一项基本目标。

对于投资者来说，其利益源于资本收益和股利收益。资本收益是资本市场上企业的资本价格上扬的结果；股利收益则是企业将获取的利润按一定的比例以现金或实物资产的形式分给投资者，投资者因此所获得的利益。这决定了投资者需要关注企业的盈利能力、风险水平、经营效率和发展潜力等相关会计信息。为此，会计应满足投资者做出正确投资决策的需要，即辅助投资者客观评估企业的盈利能力、风险水平、经营效率和发展潜力，以便其对投资方案做出正确的选择。

对于债权人来说，其利益源于持有债权的安全完整性和利息收益。债权的安全完整性主要取决于债务人的经营状况和信誉程度，而利息收益则直接与企业的盈利能力相关。为此，会计应在了解债务人的盈利能力和偿债能力的基础上，辅助债权人评价信贷风险，以便其做出正确的信贷决策。

对于企业管理层来说，其利益与受托责任履行得好坏相关，而受托责任往往表现为具体的财务指标，如资本增值额、投资报酬率、销售利润率等。为此，会计应提供相应信息辅助企业管理层评价和预测企业的财务状况和盈利能力，使其能够根据企业的现实情况，做出有利于企业生存和发展的经营决策，最终达到投资者的期望目标。

对于企业员工来说，其利益源于企业支付的工资、奖金和福利。虽然这些利益不完全与企业的经济效益有关，但仍部分受企业的经济效益影响，如奖金、福利等。为此，会计应该为企业员工提供相关的信息，以便其进行就业选择和职业规划。

对于客户来说，其利益源于企业的良好信用和持续发展。其中，供应商可以从及时收回货款和持续的销售合同中获益，购货人可以通过购进质优价廉的产品受益。为此，会计应该提供与企业的盈利能力、偿还能力和营运能力相关的信息，使与企业有业务经济往来关系的供货商和购货人可以了解企业的生产经营情况，评价企业的经营风险，以便其做出正确的商业决策。

对于政府来说，其利益源于企业缴纳的各种税金，包括与收入相关的流转税、与盈利相关的所得税、与财产金额相关的财产税等。也就是说，国家的利益直接与企业的资产规模、收入水平和盈利能力相关。为此，会计应满足政府进行宏观经济管理的需要，以保证国家制定出正确的财政政策、税收政策、货币政策和产业政策等宏观经济政策。

（二）反映企业管理层受托责任的履行情况

现代企业制度强调企业所有权和经营权相分离。其中，企业管理层受委托经营管理企业及其各项资产，负有受托责任。这是因为企业管理层所经营管理的企业各项资产基本是由投资者投入的资本或者向债权人借入的资金所形成的，企业管理层有责任妥善保管并合理、有效运用这些资产。企业投资者和债权人也需要及时或者经常了解企业管理层保管、使用资产的情况，以便评价企业管理层的责任履行情况和业绩情况，并决定是否需要调整投资或者信贷政策，是否需要加强企业内部控制和其他制度建设，是否需要更换管理层，等等。在企业这种所有权与经营权相分离的情况下，会计应当反映出企业管理层受托责任的履行情况，以辅助外部投资者和债权人评价企业的经营管理责任履行情况和资源使用的有效性。

第三节　现代会计方法

一、会计方法体系

会计方法是从会计实践中总结出来的，并随着社会实践的发展、科学技术的进步以及管理要求的提高而不断地发展和完善。会计方法是用来反映和监督会计对象的。由于会计对象多种多样、错综复杂，因此预测、反映、监督、检查和分析会计对象的方法不是单一的，而是由一个体系构成。随着会计职能的扩展和管理要求的提高，这个方法体系也将不断地发展和完善。

会计对象是资金的运动，资金的运动是一个动态过程，它是由各个具体的经济活动来体现的。为了利用经济活动的历史信息预测未来，分析和检查过去，会计需要具备反映预计发生的经济活动情况即未来会计信息的方法体系。为了检查、保证历史信息和未来信息的质量，并对检查结果做出评价，会计还需要具备检查的方法体系。由此可见，会计对经济活动的管理是通过会计核算方法、会计分析方法以及会计检查方法来进行的。

会计核算方法是对各单位已经发生的经济活动进行连续、系统、完整的反映和监督的方法。会计分析方法主要是利用会计核算的资料，考核并说明各单位经济活动的效果，在分析过去的基础上，提出指导未来经济活动的计划、预算和备选方案，并对它们的报告结果进行分析和评价。会计检查方法，亦称审计，主要是根据会计核算，检查各单位的经济活动是否合理，会计核算资料是否真实准确，根据会计核算资料编制的计划、预算等是否可行。上述三种会计方法紧密联系，相互依存，相辅相成，形成了一个完整的会计方法体系。其中，会计核算方法是基础，会计分析方法是会计核算方法的继续和发展，会计检查方法是会计核算方法和会计分析方法的保证。

二、会计核算方法

从方法体系的角度分析，会计核算方法、会计分析方法和会计检查方法之间既相互联系又相对独立，并有各自的工作和研究对象，形成了较独立的学科。从应用的角度分析，最常用的会计方法是会计核算方法，这也是学习会计的入门课程。因篇幅有限，这里仅介绍会计核算方法的内容，对会计分析方法和会计检查方法有兴趣的读者可以自行查找资料了解。

（一）设置会计科目和账户

会计科目是对会计要素的具体内容进行分类核算的项目。账户指会计账户，是根据会计科目设置的，具有一定的格式和结构，用于分类反映会计要素增减情况及其结果的载体。设置账户就是根据会计对象的特点和经济管理的要求，对其进行分类，进而获得所需要的各种指标。每个账户只能反映一定的经济内容，将会计对象的具体内容划分为若干项目，即设置若干个账户，就可以使所设置的账户既有分工又有联系地反映整个会计对象的内容，提供管理所需要的各种信息。

（二）复式记账

复式记账就是对每项经济业务，都以相等的金额在相互关联的两个或两个以上账户中进行登记的一种专门方法。复式记账有明显的特点，即对每项经济业务都必须以相等的金额，在相互关联的两个或两个以上账户中进行登记，使每项经济业务所涉及的两个或两个以上的账户之间产生对应关系；同时，在对应账户中所记录的金额又平行相等。通过账户的对应关系，可以了解经济业务的内容；通过账户的平行关系，可以检查有关经济业务的记录是否正确。基于这一特点，复式记账可以反映经济业务的全貌，也便于检查账簿记录是否正确。例如，将现金1000元存入银行。这项经济业务一方面要在"库存现金"账户中登记减少1000元，另一方面又要在"银行存款"账户中登记增加1000元，使"库存现金"账户和"银行存款"账户分别记下 1000 元。这样既可以体现这项经济业务的具体内容，又可以反映该项经济业务的过程，完整、系统地记录资金运动的过程和结果。

（三）填制和审核会计凭证

填制和审核会计凭证是指为了审查经济业务是否合理合法，保证账簿记录正确、完整而采用的一种专门方法。会计凭证是记录经济业务、明确经济责任的书面证明，是登记账簿的重要依据。经济业务是否发生、执行和完成，关键看是否取得或填制了会计凭证，取得或填制了会计凭证就证明该项经济业务已经发生或完成。已经完成的经济业务，还要经过会计部门、会计人员的严格审核，在保证符合有关法律、制度、规定而又正确无误的情况下，才能被登记在会计账簿上。由此可见，填制和审核凭证可以为经济管理提供真实可靠的会计信息。

（四）登记会计账簿

登记会计账簿又称记账，就是把所有的经济业务按其发生的顺序，分门别类地记入有关账簿。会计账簿是用来全面、连续、系统地记录各项经济业务的簿籍，也是保存会计信息的重要工具。它具有一定的结构、格式，会计人员应该根据审核无误的会计凭证对各项经济业务进行分类登记。在登记过程中，应该开设相应的明细账户，把所有的经济业务记入账簿中的账户，还应定期计算和累计各项核算指标，并定期结账和对账，使账证之间、账账之间、账实之间保持一致。在实际生活中，账簿所提供的各种信息是编制会计报表的主要依据。

（五）成本计算

成本计算是指归集一定计算对象上的全部费用，借以确定各对象的总成本和单位成本的一种专门方法。成本计算通常是指对工业产品进行的成本计算。例如，按工业企业供应、生产和销售三个过程分别归集经营所产生的费用，并分别与其采购、生产和销售材料、产品的品种、数量联系起来，计算产品的总成本和单位成本。通过成本计算，可以考核和监督企业经营过程中产生的各项费用是否合理，以便采取措施降低成本、提高经济效益。此外，成本计算对确定生产补偿尺度、正确计算和分配国民收入、确定价格政策等方面也都具有重要作用。

（六）财产清查

财产清查是指通过盘点实物、核对账目来查明各项财产物资和货币资金的实有数，从而查明实有数与账存数是否相符。在日常会计核算过程中，为了保证会计信息真实正确，必须定期或不定期地对各项财产物资、货币资金和往来款项进行清查、盘点和核对。在清查中，如果发现账实不符，应查明原因，调整账簿记录，使账存数额同实存数额保持一致，做到账实相符。此外，通过财产清查，还可以查明各项财产物资的保管和使用情况，以便采取措施挖掘物资潜力和加速资金周转。总之，财产清查对于保证会计核算资料的正确、监督财产的安全与合理使用等方面都具有重要的作用。

（七）编制财务会计报告

财务会计报告是指企业对外提供的反映企业在某一特定日期财务状况和某一会计期间经营成果、现金流量的文件。编制财务会计报告是将账簿记录的内容定期地加以分类、整理和汇总，形成经营管理所需要的各种指标，再报送给会计信息使用者，以便其据此做出决策。财务会计报告所提供的一系列核算指标，是考核和分析财务计划和预算执行情况以及编制下期财务计划和预算的重要依据。编制完成财务会计报告，就意味着会计核算工作的结束。

总的来说，会计核算方法体系如图 5-4 所示。

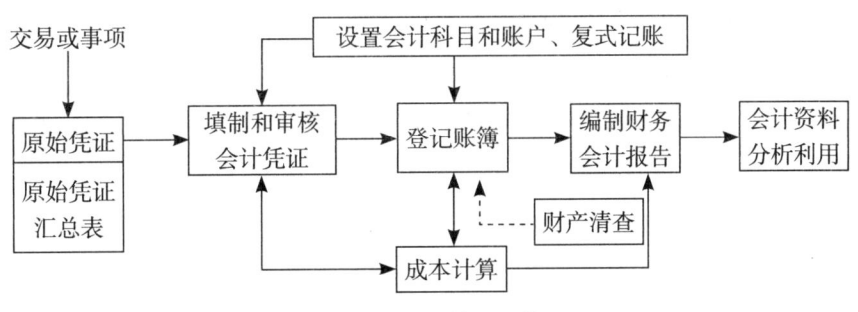

图 5-4　会计核算方法体系

第四节　现代会计环境分析

一、会计与会计环境

研究会计理论应该重点研究会计环境问题，因为任何事物的产生与发展都离不开环境的影响，会计作为社会文明的产物也是如此。从会计的本质来看，纵然国内外对其各有不同的看法，形成了不同的流派，但是人们产生了一点共识，即会计是一种主观见之于客观的活动，是人们主观活动与客观经济活动的结合。从会计的客体来看，人类进行的各项社会经济活动是会计要反映的内容（或者说是会计要确认和计量的对象），人类社会经济活动的变化和发展是永恒的，人们对于这些经济活动的认识是不断深入的，这必然对会计活动产生影响。从会计的主体来看，会计人员的观念和行为都是在一定的社会环境中形成的，会计环境在很大程度上会影响或制约会计人员的观念和行为，最终也会影响会计活动。从系统论的角度来看，会计系统是企业系统的组成部分，它既要与本系统之外的其他系统发生能量交换，又要受到社会环境这个大系统的制约。由此可见，会计环境的研究是研究任意一项会计问题的出发点。

会计环境与会计的产生、发展密切相关，并决定会计思想、会计理论、会计组织、会计法制以及会计工作的发展。一方面，存在于某一历史阶段的会计环境是正确认识、评价这一历史阶段会计发展水平的客观标准；另一方面，某一历史阶段会计发展的情况始终受到相应会计环境的制约。由此可见，会计环境的发展和变化使得会计工作相应地得到发展和改善；反之，如果会计环境恶化，会计的发展便必然受其阻碍。

具体而言，会计环境对会计发展的影响表现为以下两个特点：

第一，反应性。美国的会计学家迈克尔·查特菲尔德曾指出，会计的发展是反应性的，是应一定时期的商业需要而发展的，并与经济的发展密切相关。会计发展史上历次重大的变革和创新，无一例外地与当时的商业需要和经济发展密切相关。反应性其实包含着两个方面的内容：一方面是适应性，即当社会经济发生重大变化或者出现了某种创新时，会计工作必须能够适应它；另一方面是反映性，即会计必须通过某种方式来反映社会经济发展过程中出现的各式各样的经济活动，将不同表现形式的经济信息转变为会计信息。

第二，渐进性。会计理论和实践是随着会计环境的发展而发展的。这种发展是一个渐进的过程，而不是一个突变的过程。只有当外部环境的刺激达到一定程度时，会计模式才会部分发生变化或者完全发生改变。

此外，不仅会计环境对会计发展起着极大的作用，而且会计发展对会计环境也具有反作用，主要体现在以下两个方面：

第一，会计信息的质量特征对社会经济资源分配起着极大的指导作用。会计信息具有真实性、可比性、可靠性等特征，从宏观上可以满足经济环境中的金融、税务、财政、统计等部门的要求，从微观上可以满足投资者、债权人和企业内部管理的需要，这样一来，可以保证社会经济资源得到合理分配，进而促使社会经济环境朝着好的方向发展。

第二，会计监督客观上可以起到维持社会经济秩序，加强内部控制，提高管理水平的作用。会计监督是会计的基本职能，严格地说，会计监督是源于内部经济管理需要而进行的经济监督。日常会计监督可以保护公平的市场竞争，维护社会经济秩序。

二、会计环境的含义

任何事物的产生、存在与发展都是一定环境作用的结果。会计产生、发展的历史进程同样表明，会计这门学科的每一次发展和进步都有着深刻的历史背景，都受制于一定的会计环境。然而，目前人们对会计环境内容的认识不尽相同，具有代表性的观点包括以下几种：

英国学者杰佛里·S.阿潘和李·H.瑞德堡在《国际会计与跨国公司》一书中，把会计环境因素归纳为五个方面，即文化的相对性、教育因素、文化文明因素、法律和政治因素以及经济因素。

英国会计学者克里斯托弗·诺比斯认为，各国的财务报告存在差别的主要原因包括法律制度、企业资本的来源、纳税规定、通货膨胀程度、理论的影响、偶发事件六个方面。

美国学者弗雷德里克·D.S.乔伊、卡罗尔·安·弗罗斯特和加利·K.米克在其合著的《国际会计学》一书中，把对于会计发展有直接影响的环境因素归纳为十二个方面，包括：法律体制、政治体制、企业所有权性质、企业规模及复杂性的差别、社会气候（指人们的观念和态度等）、企业管理层及金融界通晓会计的程度、立法对企业的干预程度、特定会计立法的存在、企业革新的速度、经济发展的阶段、经济增长的模式、专业教育和职业组织的状况。

我国学者郭道扬在《会计环境论》一文中，把构成会计环境的基本要素分为两大类：一是会计环境的正面影响因素，二是会计环境的反面影响因素。其中，正面影响因素是会计环境因素构成的主导方面，它对会计的影响作用是"促进"和"制约"，其作用具有连续性和系统性。正面影响因素包括社会经济发展水平、科学技术发展水平、社会文化和教育发展水平以及社会政治、经济制度的发展变化。反面影响因素是会计环境构成中的特殊方面，大到一个国家的经济危机、社会危机，小到企业的经济犯罪、通货膨胀，其作用具有突发性和阶段性。

我国学者孟凡利在《会计与环境因素之间的关系原理应成为会计进步与发展的基本原理》一文中，将会计环境归纳为四类：一是经济因素，这是最主要的，具体包括经济体制、经济发展水平、资本来源、通货膨胀、经济外向型程度等；二是法律因素；三是政治因素，具体包括政治在社会中的影响力、社会制度、民主程度、社会政治力量结构与执政党的主张及国家间的政治组织等；四是社会文化教育因素，它对会计的影响以间接为主、直接为辅，具体包括社会的保守程度、进取精神和竞争意识、重商主义或轻商主义的风尚或倾向、民族主义倾向与排外情绪、教育体制与教育水平等。这些因素在国家间的差异，导致了会计在国家间的差异；这些因素在国家间的协调和趋同，才促进了会计的国际协调。

以上各种观点认识的角度和方法不同，有的具体，有的抽象，有的简单陈列，有的提炼归纳，可谓众说纷纭。总体上看，学者们对于影响会计的环境因素的观点基本上是一致的，即政治环境、法律环境、经济环境、社会环境、教育环境等构成会计环境的基本要素。从这个角度出发，笔者认为，会计环境是指在特定发展阶段会计所赖以生存和发展的各种客观条件及限制性因素，涉及生产力、生产关系和上层建筑等方面，具体包括政治、法律、经济、科技、教育和文化等因素。其中，经济因素包括一个国家的经济管理体制、所有制结构、经济类型与企业组织形式、资本来源、经济发展水平、经济国际化程度等方面，它对会计有着最直接最广泛的影响；政治是经济的集中表现，一个国家的政治体制必然会影响企业的所有制结构，进而影响会计的生存和发展；法律是统治阶级意志的体现，会计活动过程必然会受到一个国家法律的规范和制约；此外，科技水平、教育状况以及基于社会普遍认可的价值观和人生观的文化因素等，同样对会计的生存和发展有着重要影响。

会计环境既是会计理论研究的重要课题，也是研究其他会计理论及开展会计实务的重要基础。随着会计环境的发展变化，新环境必然会对会计提出新的要求，进而促进会计发展，会计发展又会反作用于一定的社会经济环境。显然，研究新时期下的会计环境，把握社会经济环境对会计的重要影响和会计对社会经济环境的反作用，对于正确认识不同时期的同一国家、同一企业组织形式以及同一时期的不同国家、不同企业组织形式之间会计工作的共性和个性问题，对于正确认识会计理论和会计实务的继承、改革、发展和完善问题，对于正确认识会计实践活动所处的环境特征从而充分发挥会计在经济管理中的重要作用等，都具有十分重要的意义。

三、会计环境的特点

会计环境是客观存在的，它对会计从各个不同的角度产生着影响。因此，研究会计环境的特点十分重要。会计环境的表现形式是多种多样的，概括地说，会计环境的基本特征包括以下几点：

1. 纵向差异性

纵向差异性是指在不同时期，同一国家或者地区的会计环境存在差异。由于社会生产力和整个世界经济、政治的发展变化，不同时期的会计环境具有不同的特点，当然这里也有一个量变到质变的过程，在比较长的一段时间里，差异性就会显现出来。研究会计环境的纵向差异性，有利于我们掌握一个国家或者一个社会会计发展的历史以及发展的规律。

2. 横向差异性

横向差异性是指在同一时期，不同的国家或者地区的会计环境存在差异性。由于世界政治、经济、文化发展的不平衡，各个国家、地区的会计环境可能会有很大的差异性，这种差异性一般表现得十分明显，是各个国家或者地区形成不同会计模式的主要原因。研究会计环境的横向差异性，有利于我们比较不同国家或者地区之间会计的异同，掌握会计模式的形成原因。

3. 相关性

相关性是指会计与会计环境之间信息及能量的双向交流。会计系统与会计环境的双向交流非常重要。一方面，会计环境因素会影响会计的发展水平，这种影响可以是直接的，也可以是间接的，这里就会有一个相关性强还是弱的问题；另一方面，会计是人类社会经济生活的利益调节器，会计系统是企业管理系统的子系统，其发展水平无疑也会影响会计环境的变化或者发展。研究会计环境的相关性，有利于我们对比分析不同环境因素对会计的影响。

四、会计环境的因素

（一）社会生产力发展水平

在会计环境诸因素中对会计影响最大的首先是社会生产力发展水平。人们常说的"经济越发展，会计越重要"，实际上就是强调一个国家的社会生产力发展水平是决定其会计产生和发展的根本因素。纵观会计发展史，从原始社会、奴隶社会、封建社会到资本主义社会，会计从原始记录发展到簿记，从单式簿记发展到复式簿记，到了18世纪末19世纪初，工业革命在一些资本主义国家促进了社会生产力的发展，极大地丰富了会计理论，推动了会计方法和技术的进步，最终完成了簿记向会计的转化。在这个过程中，固定资产投资规模的扩大，催生了折旧的会计方法；为了满足企业规模扩大和经营管理的需要，产生了成本会计等。20世纪初，资本主义经济发展到高峰，股份有限公司成为企业的普遍组织形式，企业的所有权与经营权相分离，使得会计的服务对象从少数业主转为广泛的企业外部利益集团，至此，以对外提供财务会计报告为目标的现代会计产生了。20世纪30年代，资本主义世界遇到了前所未有的经济危机，危机过后人们认识到会计实务处理随意性带来的极大危害，于是将对会计信息规范化的要求提上议事日程。西方各主要资本主义国家陆续开始研究和制定会计准则，将实践中遇到的问题加以概括、总结，在理论上进行规范化，使会计理论和会计方法都有了质的进步。第二次世界大战结束以后，世界经济有了飞速的发展，企业经营规模越来越大，生产经营日趋复杂，外部竞争更加激烈。一方面，企业要加强内部科学化管理的诉求以及信息论、系统论、控制论和现代数学、现代管理科学等科学的发展，使得在20世纪初期产生的管理会计进一步完善；另一方面，电子计算机的广泛使用使得会计信息生成和搜集的速度大大提高，对会计传统理论和方法提出新的挑战。

从形式上看，会计信息的采集、存储、处理、传输在使用计算机之后都发生了很大的变化，运算速度加快了，会计核算的工作效率提高了，会计凭证、账簿、报表的编制登记和报送都与手工记账条件下有明显的不同，人们可以明显地感觉到会计系统内部的连接方式、空间岗位的设置以及内部控制制度都在发生变化。在会计理论研究方面，人们加深了对会计系统本质的认识。不仅如此，由于计算机的广泛使用、计算速度不断加快，采用实证研究方法对会计进行不同角度的研究成为可能，使得会计理论也发生了深刻的变化。

综上所述，可以发现"经济越发展，会计越重要"的说法非常生动地说明了社会经济发展与会计之间的关系。一般来说，一个国家或者地区社会的生产力发展水平，直接决定着会计理论与方法的发展水平。

如果从会计活动的特点来看，社会生产力发展水平的提高，一方面，会不断丰富会计研究的对象，复杂的社会经济活动不断对会计理论和会计实务工作提出新的要求，形成理论研究的新动力；另一方面，也为会计提供了反映和控制客观经济活动的手段。

就不同的国家或者不同的社会来说，不同的社会经济结构对于会计的影响差异也是非常大的。有些国家的经济结构单一，有些国家的经济结构复杂，二者对于会计制度和会计实务的影响就很不一样。例如，由于新加坡人力资源匮乏，该国企业就十分注意对人力资源的利用，非常注意增值表的作用。

（二）经济基础环境

经济基础环境包括经济管理体制、企业组织形式、所有制形式、经营方式等。在这些因素中，经济管理体制和所有制形式是决定性因素。在计划经济、公有制经济成分占主导地位的情况下，会计的理论与方法都从属于国家财政、财务计划，会计作为保证完成计划的工具，除了具有完成簿记记录的职能外，还具有计划、统计、财务管理方面的职能，往往导致会计信息与统计信息、生产业务信息混为一谈。在从计划经济向市场经济转变的过程中，尽管经济模式及所有制成分构成有了较大变化，但是国有经济成分毕竟还占主导地位，因此，《企业会计准则》明确提出，会计提供的信息应当符合国家宏观经济管理的规定，满足有关方面了解企业财务状况和经营成果的需要，满足企业加强内部经营的需要。

（三）社会中的政治、法律、文化、教育等因素

政治和法律因素对于会计的作用是比较明显的。正如任何国家都要建立一定的法律体系以维护国家的正常秩序一样，由于会计是调节和维护人们经济利益的一种活动，因此也需要有一种会计规范体系来维护国家正常的经济秩序和各方的经济利益。当然，它是在法律的约束下发挥作用的，即在一定的法律基础之上发挥作用。各个国家的商业法、公司法、税务法、证券交易法都对会计准则、会计

理论产生极大的影响，有些国家直接针对会计立法，有些国家授权民间会计职业团体制定和颁布会计准则，而有些国家政府直接参与制定会计准则。很明显，在不同的国家，法律对于会计准则制定的影响力度是不一样的。

文化是一个社会、民族长期积存的精神财富，它包含了价值观念、思维方式、道德规范、风俗习惯、语言文字等各方面的因素。任何一个国家的会计发展都不可能脱离其文化环境，任何一个国家在其会计的发展过程中都会以其特有的价值观念和思维方式形成会计思想、会计理论，以其特有的语言文字描述和传播会计信息，按照其道德规范及习惯进行会计处理。可以认为，通过汲取社会文化的养分，一个社会的会计文化才得以形成。会计准则作为对会计活动的抽象和概括，理所当然地受到社会文化的影响。任何一个国家的成功的会计准则都不可能照搬或套用其他国家的会计准则。无论是在会计准则的内容，还是在其表述方面，会计准则都会受到社会文化的影响并带有当地社会文化的色彩。当然，应该指出的是，承认社会文化对会计的影响并不意味着拒绝外来文化，会计文化的国际交流对于各国会计准则的完善、会计理论水平的提高都是十分有益的。

教育是会计环境中最容易被忽视，也是非常重要的因素之一。广义的教育泛指一切有目的地培养人的素质的社会活动，即有目的地对受教育者的身心施加某种影响，使之具有教育者所期望的素质的活动。狭义的教育是指学校的教育。从某种意义上说，一个国家的教育水平决定着其会计工作的水平。会计的进步总是同教育的进步携手前进的。会计由于其特有的技术性、艺术性，要求从事会计工作的人员必须具备一定的素质，要有相当的文化知识水平。在大多数国家中，会计人员的受教育程度都是比较高的，会计人员要经过较长时间的专业培训，经过复杂的考试和较长时间的经验积累才能够进入工作岗位。

综上所述，会计的兴衰与一定历史时期的社会生产力发展水平，与社会中的经济基础以及政治、法律、文化、教育等上层建筑息息相关，会计发展水平是一定时期客观环境的写照。

第六章 基于电算化的会计与财务管理探索

随着现代计算机技术、网络技术及信息技术的不断发展，财会信息处理方式从手工发展到电算化，实现了操作技术和信息处理方式的重大变革。财会信息处理方式的转变对会计与财务管理理论和方法的研究提出了一系列新的课题，使传统会计与财务管理的格局逐渐被打破，促使新的会计与财务管理理论不断确立，从而推动了会计与财务管理的发展和变革。鉴于此，本章对基于电算化的会计与财务管理进行分析与研究。从宏观角度分析，企业财务管理系统属于会计信息系统的一部分，因此本章以会计电算化为切入点展开论述。

第一节 会计电算化概述

一、会计电算化的相关概念

（一）会计电算化

会计电算化有狭义和广义之分。狭义的会计电算化是指以电子计算机为主体的电子信息技术在会计工作中的应用；广义的会计电算化是指与实现会计电算化有关的所有工作，包括会计软件的开发应用及软件市场的培育、会计电算化人才的培训、会计电算化的宏观规划和管理、会计电算化的制度建设等。本章研究的是广义的会计电算化。

（二）会计信息化

相对于会计电算化而言，会计信息化是一次质的飞跃。这是因为现代信息技术手段能够实时便捷地获取、加工、传递、存储和应用会计信息，为企业经营管理、控制决策和经济运行提供充足、实时、全方位的信息。具体而言，会计信息化是指企业利用计算机、网络通信等现代信息技术手段开展会计核算，以及利用上述技术手段将会计核算与其他经营管理活动有机结合的过程。

在我国，财政部主管全国企业会计信息化工作，负责拟订企业会计信息化发展政策、起草和制定企业会计信息化技术标准、指导和监督企业开展会计信息化工作、规范会计软件功能。县级以上地方人民政府财政部门管理本地区企业会计信息化工作，指导和监督本地区企业开展会计信息化工作。这些部门制定的规章制度对会计信息化的发展有着决定性的作用。

（三）会计软件

会计软件是指专门用于会计核算、财务管理的计算机软件、软件系统或者其功能模块，包括指挥计算机进行会计核算与管理工作的程序、存储数据以及有关资料。会计软件具有以下功能：第一，为会计核算、财务管理直接提供数据输入服务；第二，生成凭证、账簿、报表等会计资料；第三，对会计资料进行转换、输出、分析、利用。

（四）会计信息系统

会计信息系统（Accounting Information System，简称AIS），是指利用信息技术对会计数据进行采集、存储和处理，完成会计核算任务，并提供会计管理、分析和决策相关的信息系统。会计信息系统的实质是将会计数据转化为会计信息的系统，是企业信息管理系统的一个重要子系统。会计信息系统根据受信息技术影响的程度可以分为手工会计信息系统、传统自动化会计信息系统和现代会计信息系统；根据其功能和管理层次的高低，可以分为会计核算系统、会计管理系统和会计决策支持系统。

（五）企业资源计划系统

企业资源计划系统（Enterprise Resource Planning，简称ERP），是指利用信息技术，一方面将企业内部所有资源整合在一起，对开发设计、采购、生产、成本、库存、分销、运输、财务、人力资源、品质管理进行科学规划；另一方面将企业与其外部的供应商、客户等市场要素有机结合，实现对企业的物资资源（物流）、人力资源（人流）、财务资源（财流）和信息资源（信息流）等资源进行一体化管理（即"四流一体化"或"四流合一"）的系统。企业资源计划系统的核心思想是供应链管理，强调对整个供应链的有效管理，提高企业配置和使用资源的效率。在功能层次上，企业资源计划系统除了最核心的财务、分销和生产管理等管理功能外，还集成了人力资源、质量管理、决策支持等企业其他管理功能。在现代企业中，会计信息系统已经成为企业资源计划系统的一个子系统。

（六）可扩展商业报告语言

可扩展商业报告语言（Extensible Business Reporting Language，简称XBRL），是一种基于可扩展标记语言的开放性业务报告技术标准。可扩展商业报告语言的主要作用在于将财务和商业数据电子化，促进财务和商业信息的显示、分析和传递。可扩展商业报告语言通过定义统一的数据格式标准，规定了企业报告信息的表达方法。企业应用可扩展商业报告语言的优势主要有：提供更为精确的财务报告和更具可信度、相关性的信息；降低数据采集成本，提高数据流转及交换的效率；帮助数据使用者更快捷、方便地调用、读取和分析数据；使财务数据具有更广泛的可比性；增加资料在未来的可读性和可维护性；适应变化的会计准则制度的要求。

二、会计电算化的特征

（一）人机结合

在会计电算化模式下，会计人员填制电子会计凭证并审核后，执行"记账"功能，计算机将根据程序和指令在极短的时间内自动完成会计数据的分类、汇总、计算、传递及报告等工作。

（二）会计核算自动化、集中化

在会计电算化模式下，试算平衡、登记账簿等以往依靠人工完成的工作，都由计算机自动完成，大大减轻了会计人员的工作负担，提高了工作效率。计算机网络在会计电算化中的广泛应用，使得企业能将分散的数据统一汇总到会计信息系统中进行集中处理，既提高了数据汇总的速度，又增强了企业集中管控的能力。

（三）数据处理及时准确

利用计算机处理会计数据，可以在较短的时间内完成会计数据的分类、汇总、计算、传递和报告等工作，使会计处理流程更为简便，核算结果更为准确。此外，在会计电算化模式下，会计信息系统运用适当的处理程序和逻辑控制，能够避免在手工会计处理方式下出现的一些错误。

（四）内部控制多样化

在会计电算化模式下，与会计工作相关的内部控制制度将发生明显的变化，内部控制由过去的纯粹人工控制发展成为人工与计算机相结合的控制形式。内部控制的内容更加丰富，范围更加广泛，要求更加严格，实施更加有效。

三、会计电算化的意义

在市场经济条件下，实现会计电算化是提高会计工作效率和质量的重要途径，在企业转换经营机制、增强竞争能力、节约人力和时间、提高管理水平等方面发挥着重要作用。具体而言，会计电算化的意义主要表现在以下几个方面：

（一）提高会计核算工作效率

计算机具有高速度、高效率和高容量的特点，现在的计算机每秒钟可以进行上亿次运算，其计算速度是其他任何计算工具都无法比拟的。利用计算机实现的会计电算化，在数据的记录、计算归类、汇总排列、查询核对、存储分析、打印等方面都比手工操作的速度高几十倍甚至几百倍，并随时能从计算机中获得有关数据，使会计人员从繁重的记账、算账、报账工作中解放出来，有更多的时间从事管理工作。

（二）促进会计工作的规范化，提高会计信息质量

在手工会计工作中，由于工作量大、业务繁杂等原因，易出现错记、漏记，账证表难以规范、统一，信息的系统性、及时性、准确性都难以得到保障，更难以适应信息环境下企业经济管理的需求。实现会计电算化后，会计信息系统采用先进的技术对输入的数据进行校验，防止非法数据进入，从而保证了会计信息的合法性、完整性，促进了会计工作的规范化，提高了会计信息的质量。同时，基于信息处理技术的发展，企业管理者可以根据管理需要，及时、准确地获取所需会计信息，从而提高决策的有效性。

（三）促进会计工作职能的转变，提高企业的管理水平

会计作为管理活动的一个重要组成部分，具有核算、监督的基本职能，会计人员还通过对会计信息的分析，进行预测并参与经济决策。在手工处理模式下，会计人员整天忙于记账、算账、报账，很难有时间和精力对会计信息进行分析，参与经济决策。再加上，由于手工处理方式的客观限制，会计信息难以得到全

面、详细、及时、准确的处理，使分析、预测缺少科学的依据。会计电算化不仅可以将会计人员从繁杂的事务中解放出来，使他们把主要精力用于对经济活动的分析、预测上，还可以提供更全面、更科学的决策依据，更加充分地发挥会计的预测、决策职能。

（四）促进会计队伍素质提高

会计电算化的实现对会计人员提出了更高的要求。一方面，会计信息处理方式的改变要求会计人员学习和掌握更多的新知识，如数据分析、大数据、云计算、区块链等技术；另一方面，会计职能的转变要求会计人员由财务核算向会计管理转型，更多地参与经济活动的分析、预测，以探索经济活动的规律。

（五）促进会计理论研究和会计实务发展，推动会计制度改革

会计电算化对会计核算方式、方法、程序、内容等方面产生了巨大的影响。特别是大数据、云计算、人工智能、移动互联、区块链等技术的应用，对会计电算化提出了更高的要求，如"大智移云"背景下的内部控制、审计方法等。这些要求促使会计理论和会计实务工作者去研究、探索，推动会计理论研究和实务的发展。

（六）推动管理工作现代化，为企业管理现代化奠定基础

在企业管理中，会计信息占企业管理信息的60%~70%，且多为综合性信息。会计电算化可以为企业管理手段的现代化奠定基础，进而推动企业管理现代化的进程。

四、会计电算化对传统会计工作的影响

会计电算化的实施使会计核算方法和工作程序发生了重大的变化，对传统会计工作产生了一系列的影响，主要表现在以下几个方面：

（一）改变了会计工作的组织机构

会计电算化改变了会计人员的工作分工，从而引起企业有关组织机构的变化。这种变化主要表现在两个方面：一是企业将大量的会计数据处理工作集中在计算机部门；二是原有的会计职能岗位需要根据会计电算化信息系统的组织要求重新安排。

（二）改变了会计的数据处理方法

计算机系统本身具有自动运算处理能力。实行会计电算化后，除了系统原始数据输入尚需少量人工干预外，从数据加工处理到把会计信息提供给有关信息使用者的整个过程，基本不再需要人工干预。

（三）改变了会计信息的质量

会计信息的质量特征主要包括可靠性、相关性和可比性等。实行会计电算化后，会计信息的加工处理效率和质量得到了极大提高。只要保证了入口数据的准确性，就可以保证其下游的各类账簿和会计报表数据的准确性。同时，在提高会计信息质量的同时，会计信息也向多量度单位发展。

（四）改变了会计档案的存储管理形式

实行会计电算化后，会计档案保管实现了数字化，大部分会计档案保存介质的物理性质发生了变化，各种记账凭证、日记账、明细账、总账和会计报表等会计资料使用磁介质存储，复制、删除方便。这就要求建立更科学的体系和方法，加强对会计档案资料的保管。

（五）改变了会计内部控制的机制

会计电算化改变了内部控制机制。内部控制的内容扩展到计算机文件的安全保护、备份、禁止非法操作、防止病毒侵入等；控制的重点转移到数据的入口控制，即对凭证的填制、录入和审核环节的控制；内部控制形式由单纯的人工控制转变为人机控制；内部控制技术演变为人工与计算机程序控制的协同控制；内部控制范围不再局限于系统本身，也延伸到系统外部环境。

第二节 会计电算化的发展历程及趋势

管理水平的提高和科学技术的进步对会计理论、会计方法和会计数据处理技术提出了更高的要求，使会计发生了从简单到复杂、从落后到先进、从手工到机械、从机械到计算机的转变。可以说，会计电算化是不断发展、不断完善的。伴随着全球经济一体化进程不断加快，IT技术飞速发展，顾客的需求瞬息万变，技术创新不断加速，产品的生命周期不断缩短，市场竞争日趋激烈，企业所处的商业环境也发生了根本性变化，顾客、竞争和变化成为影响企业生存与发展的三股力量。

为了适应以"顾客、竞争和变化"为特征的外部环境，企业必须进行管理模式与业务流程上的重组、管理手段上的更新，借助大数据、云计算、人工智能等技术，实现以业务流程重组（Business Process Re-engineering，简称 BPR）为主要内容的管理模式革命、以企业资源计划系统（ERP）应用为主体的管理手段革命和以财务机器人为载体的管理职能的转变。

一、国外会计电算化的发展过程

会计电算化是社会经济、科学技术发展的产物。1954 年 10 月，美国通用电气公司第一次使用 UNIAC-1 型计算机计算员工工资，标志着电子计算机开始进入会计数据处理领域。随着会计本身和电子计算机硬件、软件技术的不断进步，电子计算机在会计中的应用也逐步普及。纵观整个发展过程，计算机在会计中的作用大致经历了以下三个阶段：

（一）会计数据处理系统——电子数据处理阶段

这一阶段的目标是利用计算机模仿手工操作，实现那些数据量大、计算重复次数多的专项会计业务核算工作的自动化，如工资计算、账务处理、固定资产核算、编制财务报表等。

（二）会计管理系统——综合业务处理阶段

这一阶段的目标是综合处理发生在企业各业务环境中的各种会计信息，并为企业内外部各级管理部门提供相关的管理和决策辅助信息。在这一阶段，系统的功能从全面会计核算发展到会计管理系统的应用，范围从财务部门（部门级）到企业内部的其他部门（企业级），再到客户、供应商和政府机构等相关的企业外部实体；系统的网络体系结构从文件/服务器（F/S）结构、客户机/服务器（C/S）结构发展到现在的浏览器/服务器（B/S）结构；系统的数据库从小型数据库发展到大型数据库。

（三）会计决策支持和专家系统——决策分析阶段

会计决策支持系统是综合利用各种数据、信息、模型以及人工智能技术辅助管理者进行决策的一种人机交互的计算机系统。会计决策支持和专家系统的主要目标是在会计综合信息处理的基础上向会计决策系统、会计专家系统、会计高层主管系统等方向发展。其作用是通过挖掘专家的经验，建立各种财务分析和管理的方法库、模型库和知识库，为全面实现会计的管理职能提供支持。

二、我国会计电算化的发展过程

从我国会计电算化工作的开展程度、组织管理和会计软件开发等方面分析，我国会计电算化的发展大体分为四个阶段。

（一）科研试点阶段（1984年以前）

1984年以前，我国的会计电算化工作以理论研究和试验为主。该阶段的代表项目是1979年财政部直接支持和参与的长春第一汽车制造厂进行的会计电算化试点工作。这个阶段的主要特点是：电算化工作主要是单项会计业务的电算化，应用最为广泛的是工资核算的电算化。总的来说，这一阶段的会计电算化工作处于试验探索阶段，发展非常缓慢，既缺设备又缺人才。

（二）自发发展阶段（1984—1987年）

1984年，国务院成立了电子振兴领导小组，从此我国的电子技术进入了一个新的发展阶段。在这一时期，全国掀起了一个计算机应用的热潮，特别是微型计算机在国民经济各个部门得到广泛应用。不少企业自主开发一些单项会计电算化软件并应用于具体工作中，取得了一些成就。在这一时期，虽然电子计算机数量大幅度增加，会计电算化理论研究受到重视，但管理工作滞后，会计电算化发展比较盲目，低水平的重复开发现象严重。

（三）稳步发展阶段（1988—1996年）

这一阶段，计算机在整个管理领域的应用处于缓慢发展阶段，而会计电算化的发展却一直保持良好势头，初步走上正轨。以软件工程、数据库理论、计算机网络理论为代表的软件科学的发展，使计算机应用软件系统的设计水平大为提高，涌现出了一批既懂会计又懂计算机的复合型人才。在财政部的支持下，成立了大量专业会计软件开发公司，会计软件的研发向商品化方向发展。同时，各级财政部门也加强了会计电算化的管理工作。1989年12月，财政部颁布了《会计核算软件管理的几项规定（试行）》；1990年7月，又颁布了《关于会计核算软件评审问题的补充规定（试行）》。这两个文件的颁布是我国会计电算化事业发展的里程碑，初步确定了我国会计电算化管理的框架。为了推动我国会计电算化事业的发展，财政部于 1994 年颁布了《关于大力发展我国会计电算化事业的意见》；同年 6 月，又颁布了《会计电算化管理办法》。以上规章的出台给我国会计电算化工作注入了强大的动力，也为实际推广应用工作奠定了基础。

（四）竞争提高阶段（1996 年以后）

这一阶段，专业会计软件公司迅速发展壮大，呈现出竞争态势；会计核算软件的开发技术和商品化软件市场趋于成熟；经济管理类院校相继开设了会计电算化专业；在会计管理软件成功开发的基础上，ERP 系统开始研制、试点与推广；会计电算化工作的开展与管理更加规范和标准。目前，网络技术的发展和电子商务的广泛应用，使会计电算化处于良好的开放性环境之中，会计信息能够被动态地、实时地、快速地、准确地获取和处理，财务信息无纸化、财务与企业内外部业务协同化、财务人员工作方式网络化逐步变为现实。所有这些变化都给会计电算化的发展带来了新的生机，也促进了会计电算化信息系统不断发展和完善。

三、会计电算化的发展趋势

未来，企业对供应链管理系统（Supply Chain Management，简称 SCM）的重视将逐渐超过会计信息系统；以提高客户满意度、快速扩张市场份额为目标的客户关系管理系统（Customer Relationship Management，简称 CRM）将成为热点；ERP 系统将得到广泛应用，将由财务专项管理向全面企业管理转变，从而实现对企业物流、资金流和信息流一体化、集成化的管理；财务共享、业财税一体发展成为发展重心。

（一）信息化

随着计算机技术、网络技术、信息技术和大数据技术等的不断发展，电子商务平台交易模式不断创新，交易及凭证的电子化、结算方式的电子货币化等都改变着会计处理的环境，会计环境的变化呼唤着会计的变化。此外，会计信息使用者对企业会计信息的时效性、公允性等方面提出了实时报告的要求，对信息的需求也不再局限于财务会计信息，而是会计信息与非会计信息的融合、财务信息与业务信息的融合、内部信息与外部信息的融合。因此，构建基于会计信息化和社会信息化相融合的会计信息系统已成为发展的必然趋势，同时这也催生了业务、财务、税务一体化的会计信息化发展。会计信息化发展的最终目标是采用现代信息技术，对传统的会计模型进行重整，并在重整的现代会计基础上，建立信息技术与会计学科高度融合的、充分开放的现代会计信息系统。这种会计信息系统将全面运用现代信息技术，通过网络系统，使业务处理高度自动化，实现信息高度共享，主动和实时报告会计信息。

（二）集成化

要想做好财务管理工作，不仅需要财会数据，还必须有供、产、销、劳资、物资、设备等多方面的经济业务信息。因此，不仅要有会计核算系统，而且必须建立以财务管理为核心的企业全面管理信息系统，还要建立决策支持系统等。具体而言，集成化是将一些具有多种不同功能的系统通过系统集成技术组合在一起，形成一个综合化与集成化相结合的信息系统，实现互相衔接、数据共享、业务集成。

（三）网络化

计算机技术和网络技术的不断发展，使会计电算化工作实现了会计数据处理并发操作、统一管理和数据共享。特别是移动互联网技术在会计工作中的应用，打破了工作地域的限制，一方面，会计信息处理将基于网络技术和移动互联技术；另一方面，财务人员的工作方式将发生巨大的变化。

（四）智能化

随着市场经济的发展，影响企事业单位生产经营活动的因素越来越复杂，预测、决策、控制、分析和管理的难度越来越大。传统的财务信息已难以满足企业管理者进行经营决策的需求，因此需要引入大量的非财务的、非结构化的信息，这就要求在加大数据采集和运用的力度，提高数据处理、分析、判断能力的基础上，通过大数据和云计算等技术提升数据处理的效率和质量，还要借助人工智能技术实现信息系统的智能化。

会计电算化的智能化发展趋势主要体现在两个方面：一方面，规律性的业务将逐步交由财务机器人完成；另一方面，对于非规律性的业务，则需要借助人工智能技术实现专家经验智慧库建设，在预测与决策过程中，当决策目标确定以后，利用专家系统中的专家经验和智慧，进行辅助决策，以提高决策的可靠性。

第三节 会计电算化的组织实施及管理

一、会计电算化的组织实施

会计电算化的建设是一个系统工程，除了配备计算机等硬件设备、操作系统、会计软件外，还需要进行组织规划、建立会计信息系统工作机构、完善计算机硬件和软件管理制度、进行人员培训等。无论企业规模大小，其结构及业务复杂程度如何，会计电算化建设工作程序大致相同，如图6-1所示。

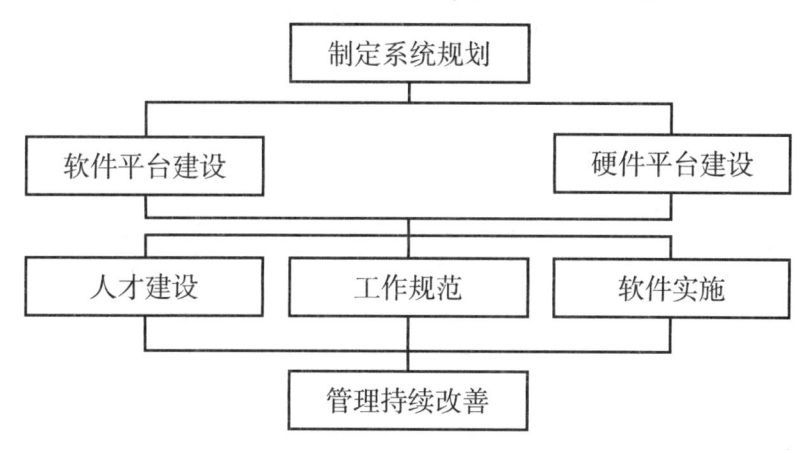

图6-1 会计电算化建设工作程序

下面按照会计电算化的组织规划、运行平台建设、实施、人才培养的顺序展开研究。

（一）会计电算化的组织规划

制定会计电算化的组织规划是指为适应电算化的需要，设置电算化的机构，并调整原有财会部门的内部组织。会计电算化的组织工作涉及企业内部的各个方面，需要人力、物力、财力等多项资源。因此，必须由企业领导或总会计师亲自抓这项工作，成立一个制定本企业会计电算化发展规划和管理制度，组织会计信息系统建立和本企业财务人员培训，并负责会计信息系统投入运行的组织策划机构。

在会计电算化的具体实施过程中，必须制订一个详细的实施计划，对在一定时期内要完成的工作有具体的安排。通常而言，各企业的财会部门是会计工作的主要承担者，负责制订本企业会计电算化的具体实施计划和方案。在制订本企业会计电算化的实施计划时，应从本企业的具体情况出发，按照循序渐进、分步实施的原则进行，有步骤地安排实施机构及人员的配置、计算机设备的购置、软件开发购置以及其他相关费用的预算工作，使企业能从整体上合理安排人力、物力和财力。

（二）会计电算化运行平台建设

会计电算化运行平台是指会计电算化赖以运行的软、硬件环境。它包括两个方面的内容：一是计算机硬件环境；二是运行会计电算化的软件环境，如操作系统、数据库管理系统等。企业在建设运行平台之前，应综合考虑希望电算化为企业带来什么、管理人员的管理意识和管理水平、企业的管理基础、企业员工的文化素质、企业的技术力量以及企业的资金状况等诸方面的因素，确定财务软件系统的类型，并以此为基础确定软件平台和硬件平台的建设计划。

1. 会计软件选型

会计软件是专门用于会计核算和管理工作的计算机应用软件的总称。它是由一系列指挥计算机进行会计核算工作的程序和有关技术组成的。借助会计软件，会计人员可以运用计算机强大的运算、存储和逻辑判断功能对原始会计数据进行加工、储存处理，输出各种有用的会计信息资料。会计电算化工作也由此变成了会计数据的输入—处理—输出这样一个简单的过程，即输入会计数据，依托财务软件对会计数据进行处理，最后输出会计信息，从而基本实现会计数据处理的自动化，并使会计数据处理的精度和速度有所提高。

一般来讲，配备会计软件的方式主要有购买通用商品化会计软件、定点开发、通用商品化会计软件与定点开发相结合三种。商品化会计软件是指专门对外销售的会计软件。通用商品化会计软件一般具有成本低、见效快、质量高、维护有保证等优点，比较适合会计业务比较简单的小型企事业单位。大中型企事业单位的会计业务一般有其特殊要求，可以根据企业实际工作的需要，选择定点开发的模式，以满足企业的特殊需要。对于通用会计软件不能完全满足企业特殊的核算与管理要求的，可结合通用会计软件定点开发部分配套的模块，选择通用商品化会计软件与定点开发相结合的方式。

2. 软件平台建设

会计电算化运行的软件平台建设主要包括操作系统、浏览器软件及数据库系统的选择等。

（1）选择操作系统

会计电算化运行平台建设涉及的操作系统包括服务器操作系统和终端机操作系统。随着分布式网络计算技术的发展，计算机网络服务器一般可分为数据库服务器、Web 服务器、应用服务器和通信服务器等。在建设会计电算化运行平台时，应根据会计软件的体系结构，如二层、三层或多层 C/S 结构、B/S 结构等，购置网络服务器和选择网络操作系统。而工作站操作系统主要依据会计软件对运行平台的要求来确定。

（2）选择浏览器软件

如果企业选择了在广域网中运行的 B/S 结构的会计软件，还要考虑选择合适的 Web 浏览器软件。

（3）选择数据库系统

数据库系统主要分为服务器数据库系统和桌面数据库系统。服务器数据库主要适用于大型企业，代表系统主要有 Oracle、Sybase、Informix、SQL Server 和 DB2 等。服务器数据库的优点是，系统处理的数据量大，数据容错性和一致性控制得好；其缺点是，系统操作与数据维护难度大，对用户水平要求高，而且投资大。桌面数据库主要适用于数据处理量不大的中小企业，代表系统有 Access、Visual FoxPro、Paradox 等。桌面数据库的优点是，易于操作和使用，所需投资较小；其缺点是，系统处理的数据量要小一些，在数据安全性与一致性控制方面的性能也要差一些。

3. 硬件平台建设

会计电算化硬件平台是会计电算化运行的基础，硬件的选择不限于讨论单机如何选型、如何配置，而是更侧重于计算机网络的规划和建设。计算机网络系统设计一般要考虑特定企业会计电算化技术的发展策略、企业管理机构设置、业务处理流程等众多因素，而网络解决方案是针对每一个具体企业而言的，不可能有一个标准的方案供大家共同使用。一般缺乏经验的企业可以聘请专业的咨询公司或系统集成商辅助进行网络设计。

（三）会计电算化的实施

随着计算机和现代信息技术的飞速发展，优化企业管理手段和实现企业管理信息化已成为提升企业竞争力的重要措施。会计电算化是企业管理系统的重要组成部分，其实施情况直接影响企业管理系统的建设。会计电算化建设的关键在于应用软件系统的实施，这要求在会计电算化建设过程中必须重视以下几方面：

1. 会计电算化实施的难度较大，需要有实施方法论的指导，建设一支职业化专门从事软件实施的队伍，并针对软件的实施编制标准化的培训教材。

2. 需要在对用户进行软件操作培训之前，先对企业进行业务流程重组，以理顺和规范企业管理。这是财务管理软件实施的一个重要步骤。

3. 要实施会计电算化，不仅要指导用户如何使用软件，还要协助用户进行信息标准化和规范化编码，使其明白财务软件系统所蕴含的管理思想和价值理念。

4. 会计电算化的实施不仅要求企业要适应管理系统所提供的规范化管理模型，还要求在实施过程中能根据企业的特殊要求对软件进行个性化改造。

5. 会计电算化的实施需要规范化的专业咨询公司作为后盾，为企业信息化建设提供强有力的技术支持与管理咨询服务。

（四）会计电算化人才培养

会计电算化人才是发展会计事业的关键因素。会计电算化的建设需要会计和计算机方面的专门人才，更需要既懂会计，又懂计算机技术的复合型人才。

企业可以邀请专家对企业内部的财会人员进行专门的培训，使财会人员掌握计算机和会计专业知识，了解会计信息系统和企业管理系统的开发过程，能够对系统进行一般的维护，并对会计核算信息进行简单的分析和利用。

企业也可以安排对企业内部有经验的财会人员进行培训，使财会人员掌握计算机和会计核算软件的基本操作技能，了解会计电算化工作的基本过程。

总的来说，为了适应电子商务发展的需要，企业会计人员不仅要掌握财会理论知识，还要掌握会计核算与财务管理软件、企业资源计划、数据/信息安全与控制、数据库技术、网络与计算机安全、计算机辅助审计、计算机病毒与防治、数据备份与恢复、企业网技术、制表软件与电子表格、大数据、云计算、移动互联、人工智能、区块链等方面的知识与技术。

二、会计电算化的管理

会计电算化的管理分为宏观管理和微观管理。宏观管理是指国家、行业或地区为保证会计工作的顺利开展和实施所制定的办法、措施、制度。管理制度的完善和贯彻是做好会计工作的关键，对保证会计电算化能够从一开始就进入规范化、程序化的轨道至关重要。微观管理是指基层单位对已建立的会计电算化系统进行全面管理，保证其安全、正常运行，一般包括建立内部控制制度、系统运行管理和会计档案管理等内容。

（一）会计电算化的宏观管理

会计电算化的宏观管理是国家履行职能的重要内容，应从制度、软件、人才等多方面予以引导和支持。各级财政部门在会计电算化的宏观管理中具有法定的领导地位和职责。具体而言，会计电算化宏观管理的主要任务如下：

1. 制定会计电算化管理规章及专业标准

为保证会计电算化健康发展，制定会计电算化宏观管理规章及专业标准是非常有必要的。国际会计师联合会（IFAC）分别于1984年2月、10月和1985年6月公布了《电子数据处理环境下的审计》《计算机辅助审计技术》《电子计算机数据处理环境对会计制度和有关的内部控制研究与评价的影响》。我国财政部于1989年12月颁布了全国性会计电算化管理规章《会计核算软件管理的几项规定（试行）》；1990年7月颁布了《关于会计核算软件评审问题的补充规定（试行）》；根据《中华人民共和国会计法》的有关规定，于1994年6月重新颁布了《会计电算化管理办法》《商品化会计核算软件评审规则》《会计核算软件基本功能规范》三个规章制度。为指导基层单位开展会计电算化工作，我国财政部于1996年颁布了《会计电算化工作规范》；2004年联合制定了《信息技术会计核算软件数据接口》国家标准（GB/T19581—2004）；2008年5月颁布了《企业内部控制基本规范》；2009年4月颁布了《关于全面推进我国会计信息化工作的指导意见》；2013年12月颁布了《企业会计信息化工作规范》。以上规章和标准是目前指导我国会计电算化建设工作最重要的文件。此外，会计信息化委员会的成立标志着我国会计信息化标准体系建设迈出了重要的一步，财会改革步入了一个崭新的阶段。

2. 做好会计软件规范化监管工作

为了保证会计软件的质量，维护用户的利益，在我国境内销售的商品化会计软件必须符合《企业会计信息化工作规范》的要求，各级财政部门要做好企业规范化使用会计软件的检查和监督工作。

3. 大力抓好人才培养工作

人才是会计电算化建设和发展的关键。人才培养既是会计电算化宏观管理的需要，也是企业会计电算化建设的需要。只有培养出既懂计算机又懂会计业务知识的人才，才能加快会计电算化的进程。需要注意的是，人才的培养既要解决人才匮乏问题，又要避免人才浪费，要进行合理的规划，多层次、多渠道、多形式地培养人才。因此，要把会计电算化人才培养工作作为会计信息宏观管理的重要内容之一。各级财政部门应培养一批会计电算化专业管理人员，对本地区、本行业、本部门会计电算化建设工作进行统一协调、组织、管理和指导，避免出现各自为政、盲目发展的情况。

4. 推动会计电算化理论研究

会计电算化的发展需要会计电算化理论研究的支持和指导。各级财政主管部门应在宏观管理中注重理论研究工作，要坚持百花齐放、百家争鸣的方针，鼓励、支持从事会计电算化实际工作的人员学习理论、开展研究，做到理论和实际相结合。

（二）会计电算化的微观管理

为了对会计电算化进行全面管理，保证会计电算化安全、正常运行，企业应切实做好会计电算化的内部控制以及操作管理、会计档案管理等工作。具体而言，企业可以采取以下措施：

1. 制定会计电算化发展规划

企业的会计电算化发展规划应以一定时期、一定地区的发展战略目标为依据，结合企业的实际情况来制定。会计电算化发展规划应包含以下内容：会计电算化建设目标，会计电算化的总体结构，会计电算化系统建立的途径，系统的硬、软件配置，工作步骤，会计电算化建设工作的管理体制和组织机构，专业人员的培训与配备计划，资金的来源及预算等。

2. 建立内部控制制度

企业内部控制制度是为了保护财产安全，保证会计及其他数据的正确、可靠，保证国家有关方针、政策、法令、制度的落实，保证企业制度、计划的执行，利用系统的内部分工而产生相互联系的关系，形成一系列具有控制职能的方法、措施、程序的一种管理制度。企业内部控制制度的基本作用是保护企业财产安全，提高数据的正确性、可靠性，贯彻执行方针、政策、法令、制度、计划。内部控制制度是审计工作的重要依据。

企业内部控制制度的基本目标是：健全机构、明确分工、落实责任、严格操作规程，充分发挥内部控制的作用。其具体目标是：合法性，即保证处理的经济业务及有关数据符合有关规章制度；合理性，即保证处理的经济业务及有关数据有利于提高经济效益和工作效率；适应性，即适应管理需要、环境变化和例外业务；安全性，即保证财产和数据的安全，具有严格的操作权限、保密功能、恢复功能和防止非法操作功能；正确性，即保证输入、加工、输出的数据正确无误；及时性，即保证数据处理及时，为管理提供信息。

具体而言，企业内部控制制度的建立要综合考虑会计电算化的发展及电子技术、网络技术的发展对内部控制体系的影响，以会计电算化内外部综合控制为重点，以会计电算化构成要素控制为切入点，从控制内容、控制重点、控制形式、控制技术和控制范围等方面着手，建立适合会计电算化发展需求的内部控制体系。

3. 加强会计工作规范化

规范的基本含义是制定统一的规则，然后严格执行、遵守规则。会计在企业管理过程中具有重要地位，因此，企业始终要求会计工作要规范化，并形成了一套规范体系。之前，由于各企业的管理水平、会计人员的素质存在差别，加之手工处理的局限性，各企业在不同程度上存在基础工作不规范的问题。将计算机引入会计工作，改变了原有的数据处理方法和处理流程，因此需要建立与之相适应的规范。具体而言，企业实施会计电算化后，数据管理规范化的内容涉及企业管理的方方面面，主要包括数据收集规范化、工作程序规范化、会计核算规范化和信息输出规范化等。

4. 建立岗位责任制

会计电算化的建设应建立健全会计工作岗位责任制，明确每个工作岗位的职责范围，切实做到事事有人管、人人有专职、办事有要求、工作有检查。根据会计电算化的特点，在进行会计电算化建设的过程中，各企业可以根据内部控制制度和企业的工作需要，对会计岗位进行调整，并设立必要的工作岗位。

5. 完善操作管理、系统维护和数据保护等管理制度

实施会计电算化后，保证会计信息系统正常、安全、有效运行的关键是操作管理，主要体现在建立与实施各项管理制度上。企业的操作管理制度不健全或实施不得力，会给舞弊行为以可乘之机；会计人员操作不正确，会造成系统内数据的破坏或丢失，干扰系统的正常运行，也会造成录入数据不正确，降低系统的运行效率，直至输出不正确的账表。因此，企业应建立健全操作管理制度并严格实施，以保证会计信息系统正常、安全、有效地运行。同时，企业应加强操作管理、系统维护和数据保护管理，建设会计信息系统的运行环境，按规定录入数据，执行各自模块的运行操作，输出各类信息，做好数据的备份及发生故障时的恢复工作，以确保会计信息系统安全、有效、正常运行。

6. 加强计算机病毒预防

计算机病毒危害着计算机信息系统的安全，轻则打断或干扰系统的工作，重则破坏数据，造成不可挽回的损失。因此，在会计信息系统的运行过程中必须对预防计算机病毒工作给予充分的重视。

第四节 我国会计电算化的问题及解决对策

一、我国会计电算化的问题

在我国，已经有越来越多的企业使用计算机软件系统进行财会的电算化管理。但是，大部分企业还停留在会计电算化的最初阶段，仅仅是以机算代替人算而已，在使用财务软件的过程中更是麻烦不断。总的来说，我国企业目前的会计电算化还落后于现代企业管理的需要，暴露出的问题主要有以下几个方面：

（一）实施的过程不够规范，不够严谨

1. 前期对操作人员的培训不到位

在会计信息系统正式运行之前，一般要对操作人员进行培训，系统还会有一个试运行阶段。但是，许多企业并不重视准备工作，在系统运行之前，对操作人员的培训不够深入细致，不能使操作人员从整体上掌握系统功能、把握业务流程，使得一些操作人员在考虑问题时，只局限于自己的业务范围内，不能从大局出发，阻碍了系统的正常运行。例如，仓库人员将一批原料的数量在入库时弄错了，本来应该在采购系统中调整，他却在库存系统中做了红字出库单，这样虽然将原料的数量调整为库存数量，但是入库数量却和供方单位开具的发票上的数量不符，从而使得这张发票不能入账。

2. 系统初始化工作不到位

当前应用的会计信息系统有些科目的设置达不到企业的要求，有些功能的设置不够全面。一方面是由于操作人员在科目设置和部门设置等一些初始化工作中不够谨慎，或者操之过急，给系统的运行留下隐患；另一方面是由于软件本身的限制，如科目的级别不够多，不能满足企业的需要。

3. 系统的保密与安全工作不到位

突然断电、病毒侵袭、错误操作等意外因素都会造成财会数据丢失，甚至是系统瘫痪，于是财会人员不得不加班加点重新从原始单据做起。现在不少软件只设置一个密码，关卡少，容易被破解，而且许多企业的内控制度有缺陷或者执行不严格，同事之间不能很好地保守密码，不相容的职务由一人兼任，等等，这些都为个别人员窃取财务机密提供了机会。在计算机网络迅猛发展的今天，会计信息系统的安全性受到了极大的挑战。电脑黑客的隐蔽性强、破坏性大，电脑病毒除了隐蔽性强和破坏性大，还具有传播速度快的特点，不仅能对会计数据进行毁灭性破坏，甚至会破坏电脑硬件。

（二）企业缺乏高素质、技能全面的人才

会计电算化涉及计算机、会计、管理等方面的专业知识。目前，许多企业的电算化会计人员是由过去的会计、出纳经过短期培训之后担任的。他们欠缺计算机知识，不能熟练运用软件以满足工作需要，遇到什么问题都要找软件的维护人员。而维护人员又基本上是计算机专业出身，对财会知识知之甚少，因此双方不能很好地配合。

（三）财务软件本身存在问题

1. 不少财务软件的兼容性较差

在开发软件时，往往是许多人共同开发，不同的人负责不同的模块，由于每个人的思维和理念都不尽相同，导致软件中不同模块的同一功能都不一样。例如，某一软件系统物流模块中的采购管理和库存管理都提供了单据的查询功能，按照设想操作人员应该能够根据自己的需要选择不同的查询条件，但在使用时其中一个模块的过滤条件却不能修改。在采购模块中查询账表时，如采购明细表，系统显示的字段相当多，并且许多都不为操作人员所需，而系统却没有提供删去这些字段的功能，导致在设置过滤条件时比较麻烦，又易出错。而在库存模块中查询相关的账表时，操作人员则可以根据自己的需要增删过滤字段。

2. 会计信息系统与企业管理信息系统未能有机结合

当前，会计信息系统不仅与生产、设备、采购、销售、库存、人事等子系统脱节，而且会计软件内部各子系统之间也只能以转账凭证的方式联系，从而造成系统内外子系统之间数据不能共享，形成一个个"信息孤岛"。这样既影响了财务管理功能的发挥，又不能满足企业现代化管理的需要。在综合的企业管理信息系统中，会计子系统应该从其他业务子系统中获取诸如成本、折旧、工资等原始数据，以提高数据采集和管理的效率。各业务子系统也应从会计子系统方面取得支持。但是，由于各系统各自独立，互相之间不能实现数据共享，信息渠道不通畅，往往需要将一个子系统的数据进行打印输出，然后在下一个子系统中进行键盘输入。

二、大力发展我国会计电算化的措施

针对现阶段我国会计电算化发展中存在的问题，笔者认为应该采取以下措施：

（一）加强会计软件界面的友好性和易用性

软件开发人员需要设身处地地为使用会计软件的从业人员考虑，使开发出来的会计软件易懂易用。"采用自动转账凭证生成模块"就是一个很好的例子。所谓自动转账凭证生成模块，就是会计软件系统根据收款、付款、转账和汇总凭证的格式，事先设置好摘要栏、借贷方科目、金额栏（借或贷以及金额的计算方法），当会计人员把每一个会计期间所发生的经济业务输入系统时，系统就可以自动生成所需的记账凭证。

（二）建立健全会计电算化模式下的规章制度

会计电算化的实现，取消和改变了许多手工内部控制措施，从而对企业内部控制制度提出新的要求。在会计电算化实施过程中，人为的技术手段，可以对程序和数据进行非法操作或破坏，计算机本身故障和计算机病毒入侵，也会使数据遭到破坏。为了保证会计电算化的正常进行和财务数据安全可靠，必须制定比手工时代更加严格的内部控制制度。

（三）充分做好电算化前的准备工作和使用中的维护工作，保障系统顺利运行

1. 企业领导应重视电算化工作的实施

会计电算化不只是财务部门的事情，它涉及企业内外部的许多部门。根据国内外应用成功的经验，这项工作必须由企业主要领导挂帅，并从财务部门以及其他相关部门抽调精干人员，成立专门的项目小组负责电算化系统的初始化工作。由该小组协助财务人员完成系统的试运行，确保会计信息系统在企业能够顺利实施。在系统初始化过程中，项目小组人员可以根据财务人员提出的要求，进行科目设置、编码档案设置等基础工作。

2. 对操作人员进行系统培训，确保会计信息系统正常运行

企业应加强对操作人员的系统培训，让他们明白会计信息系统的整体运行规律。以制造企业为例，企业先是从供应商处购入原料，而原料的入库要先经过采购模块入库，再从库存模块由使用部门领用，产品生产出来入库，又回到库存模块，最后再通过销售模块售出。在此过程中，数据也会传递到其他诸如应收、应付以及总账等系统模块，最终生成报表。只有对操作人员进行系统而全面的培训，才能让他们明白会计信息系统的运行流程，明白自己所要处理的数据的来源和去向。操作过程一旦出现错误，他们也就知道该怎么处理，而不是按照自己的想法在系统中随意填制一张单据，使下一流程的操作人员不能获取正确的信息，破坏整个运行流程。

3. 加大系统的保密和安全力度

为了防止数据泄漏，应做好保密工作，可以在进入系统时加上诸如用户口令、

声音检测、指纹辨认等检测手段和用户权限设置等限制手段，同时，采用硬件加密等保密措施和专机专用、专室专用等严格的管理制度，以提高系统的安全性。数据是会计电算化的核心，在加强保密工作的同时，它的安全性也是不容忽视的，可以参考以下几点：一是软件自动在硬盘上另作备份，并有数据完整性检查机制，定时更新；二是计算机中心管理人员定期手动备份，并将完整有效的数据及时转储；三是严格机房管理，杜绝无关人员使用机器和使用未经检查的磁盘；四是采用网上防火墙技术，安装防病毒软件，定期检测并清除电脑病毒；五是严格制定并执行内部控制制度，禁止不相容职务由一人兼任，提高财会人员的保密意识。

（四）提高财务人员的业务素质

会计信息系统是集计算机科学、会计科学和管理科学为一体的人机系统，它需要同时精通这些知识的复合型人才。不少企业在会计电算化工作上，是心有余而"人"不足。针对这些情况，可以采取以下措施：第一，分批培训现有财会人员，向他们系统地讲授会计电算化理论知识和操作技术，提高财会人员操作计算机应用软件的能力。第二，在工作中培养电算化管理人才，根据需要为他们提供机会接受培训，也可以通过让计算机专业人员学习财会知识来培养复合型人才。第三，目前各大专院校财会专业都有会计电算化这个培养方向，毕业生同时具备电脑和财会知识，企业应不失时机地引入人才。

（五）推进会计电算化向企业信息化、管理智能化及网络财务的方向发展

会计软件向管理方面发展，这是会计电算化系统的纵向延伸，也是发展的必然趋势。对于企业来说，应将会计电算化工作纳入企业信息化工作的总体范畴，做到资源共享。企业在生产、销售、控制和预测经济活动中，主要表现为信息流、物流和资金流相统一。要想有效控制"三流"，单靠财务部门使用软件是不够的，企业各个部门尤其是业务部门必须将其业务信息纳入软件管理的范畴，软件功能将延伸到企业经营管理的各个方面。因此，财务软件必须从部门级应用向企业级应用扩展，建立财会信息与其他业务信息的接口，资源共享，做到"信息集成、过程集成、功能集成"，实现财会信息和其他业务信息一体化。

智能财务分析系统把专家的经验融入软件，能回答企业普遍关心的经营问题，从而帮助企业发现问题并解决问题，大大提高企业的经营效率。可以说，通

用型智能财务管理软件是会计软件发展的必然趋势。

随着计算机网络技术的普遍应用，网络财务发展的重要性也日益凸显出来。网络财务以财务管理为核心，实现业务与财务协同，支持电子商务，能够实现各种远程操作（如远程记账、远程报表、远程查账、远程审计等）、事中动态会计核算、在线财务管理，并能处理电子单据和进行电子货币结算。网络财务是电子商务的组成部分，也是会计电算化的又一发展趋势。企业进行网络化建设时，必须考虑到系统的可扩充性、可发展性及兼容性，采用的网络技术要有超前性；要根据自身的情况，包括财力、应用范围等，选择适合自身的网络模式；建立严格的网络管理规范。在网络环境下，系统的原始录入数据必须代码化，以便集中处理，同时所使用的代码必须与财政部的规定一致，与网络环境对会计数据的传输要求一致。在互联网广泛应用的今天，企业应该加快推进网络财务的发展，以应对电子商务时代的挑战。

（六）软件开发人员或软件提供商提供技术支持

企业应与软件提供商签订后续支持合同，为软件适应新的工作流程提供技术保障。许多企业在前期软件开发的工作中，没有考虑全面，在正式运行后，才发现软件系统的种种不足和缺陷。这时，就需要与软件开发人员进行沟通，得到软件提供商的帮助，使软件不断改进和升级，从而更好地帮助企业进行管理。

第七章 企业财务会计智能化

第一节 财务会计的人工智能化转型

伴随着大数据时代的到来，以云计算为代表的现代信息技术被广泛应用于各个行业，一场以"新时代"为标签的数字革命，正逐步改变着人们的生活。不同领域内人工智能的应用率持续提高，人工智能结合企业财务管理也成为我国企业开展财务工作的主流形式。从宏观上说，会计核算在国内的整个发展进程可归纳为手工会计——会计电算化——智能会计，会计实践的技术性逐步增强，智能技术逐步取代会计人员，成为影响会计发展的决定性因素。在这一过程中，对会计数据的收集、处理与分析能力不断增强，同时精准性也登上了更高的台阶。然而会计领域内人工智能技术的具体应用水平依然相对较低，尚有诸多难题亟待攻克。

一、我国人工智能在会计领域的应用现状

（一）人工智能使会计复杂的任务自动化

人工智能发展初期是以使复杂的任务自动化为主要任务的，这也是信息化高级阶段的主要标志。伴随人工智能技术的发展与应用，一系列复杂性极强的会计任务实现了自动化处理，如以物联网为基础的企业管理决策、审计师选派、会计准则的具体执行等。目前，会计领域内人工智能的应用，主要表现为核验与查重会计凭证、传统原始凭证人工网站查询方法的整合与优化，将原始凭证核验变人工化为自动化。各层次会计工作与人工智能的有机结合所带来的变化，主要表现为会计基础数据的收集与处理，由人工操作演变为计算机自动完成，同时部分常规化的决策也交由计算机完成，而财务工作者同样需要具备相应的会计理论与意识。

（二）人工智能帮助财务开展大数据分析

利用人工智能系统可以从企业自身的财务情况入手，与当前行业背景及政治经济全球化环境相结合，对相关数据加以归集，并据此构建相应的数据模型，同时结合各方面变化对数据模型进行实时修订，以期将最原始、最客观的数据资料提供给企业经营者。会计人员应使用人工智能系统从时空差异入手对企业进行系统分析，并将相应分析结果提供给企业管理者，尽力拓展企业的发展空间，以使当前制约企业发展的短板得到有效补充。譬如产品成本：从工艺流程入手对人工成本及直接费用加以核算；基于产品结构对直接材料加以核算；合理归集分配各层次成本中心的费用以完成间接费用的核算。

（三）利用人工智能进行财务风险控制

所谓财务风险智能防控，是指依托人工智能实现人类直觉推理与试凑法的形式化发展，以强化财务风险防控能力。面对未知或不确定性因素时，现代财务风险防控系统或许会采用部分充分性不足或完整性不强的数据，而财务风险智能防控从技术层面为该问题的处理奠定了基础。现阶段财务风险智能防控的主要流程集中表现为：①通过神经网络法与模糊数学相结合的方式，实现财务风险控制的动态环境建模，并以传感器融合技术为依托实现数据的预处理与综合；②以专家系统的反馈结果为参照，就控制模式及参数或控制环节加以优化调整。

二、人工智能时代财务会计转型面临的挑战

（一）思维挑战

唯有不断强化创新意识与变革理念，以此推动企业传统财务模式的变革，才能以管理会计逐步取代财务会计。这就决定了一味强调在专业素养与业务能力方面对企业会计人员进行强化培养是远远不够的，持续强化其转型意识更为关键。然而就当前的客观情况而言，真正认识到思想意识变革与企业财务会计转型之间密切关系的企业寥寥无几，大多数企业仅以工作内容与业务模式为主要转型对象，人为限制了管理会计的发展，致使财务部门与管理部门间职责不清、分工不明，无法发挥最大化协同效应，进而对转型效果造成一定的负面影响。

（二）技术挑战

无论对企业还是对会计人员而言，人工智能技术均是从未接触过的全新领

域，因此人工智能技术的具体应用，成为企业乃至每一名会计人员的必修课。在人工智能发展的宏观形势下，企业信息数据库随之实现规模化发展，这就决定了从数据库海量信息中甄别有价值的信息的难度随之升高。企业在规模化数据库中挑选与自身发展相匹配的数据信息，信息处理的时效性相对较低。操之过急俨然已成为国内企业财务会计转型的通病，前期准备工作并不充分，进而使得会计从业者关于大数据技术的理论与知识储备过于贫乏。

（三）管理挑战

人工智能技术在会计领域内的应用，导致传统财务会计面临前所未有的挑战，企业需真正意识到企业财务发展中管理会计的核心地位与重要作用。通过调查发现，当前国内企业并未意识到管理制度转型在财务会计转型中的重要意义，大部分企业并未结合自身实际建立健全的管理制度体系，进而导致转型受阻，这既会对企业的可持续发展造成一定阻碍，又与时代发展形势背道而驰。忽视管理制度的转型，会严重制约会计从业者的职能转型，进而导致不同部门间分工不清、推诿职责，最终导致协同效应的发挥受阻。

三、人工智能时代财务会计优化转型的措施

（一）财务管理观念转变

在大数据时代下，企业唯有不断推动自身财务会计向管理会计发展，不断提升对管理会计的重视，才能为自身与时代发展有机融合创造条件，进而实现时代化的发展。但财务会计的转型无法一蹴而就，需各方面协调配合，其中最关键的当属企业财务工作者管理理念的变革。伴随人工智能技术的应用，原本由人工执行的财务会计基础工作，均由人工智能技术完成，这就决定财务工作者的任务将随之发生改变，不再局限于简单的数据抓取与分析，转而变为人工智能所无法取代的工作内容，因此工作难度随之加大，这对财务工作者的理论知识与实践能力提出了更高的要求。所以一味强调企业转型而忽视财务工作者的会计转型是行不通的，会计工作者同样应强化自身对转型的认识。以管理会计取代财务会计，会导致会计从业者的工作负担加重，会计从业者需不断提升自身的数字化技术应用水平，这就决定企业必须将会计从业者思想转变作为重点内容，纳入转型前期筹

备工作，帮助企业会计人员从根本上意识到自身职能的改变，以期为企业会计的转型提供长效驱力。

（二）财务管理内容转型

第一，由会计核算到决策的转变。在大数据信息处理与人工智能技术的共同促进下，财务人员应持续增强自身数据抓取与分析能力，精准定位有价值信息并实时处理，以期从数据层面为企业管理层分析决策奠定有力基础。建立健全财务会计转型标准，并明确管理岗位和财务岗位的职责，充分发挥两个部门的协同效应，推动财务部门转型。第二，为了实现人工智能技术与企业财务会计的有机结合，应切实提升企业的资源整合能力，同时带动企业数据抓取与分析能力的增强。作为企业信息处理体系的重要组成环节，人工智能的引进切实补齐了企业智能数据分析体系的短板，将系统模式的建设提升到更高水平。第三，建立健全部分管理与绩效评估体系。财务会计转型应以财务人员的职能转变为核心，将多元多样的绩效评价指标与评价方法纳入绩效评价体系，充分激发财务人员的工作积极性。企业应从自身发展实际入手，为自身量身打造多维评价体系，并引进综合管理会计中平衡计分卡的有关指标，实时跟踪并客观评价财务人员的转型情况，并与奖惩体系相挂钩。

（三）财务数据系统建设

在大数据时代下，数据分析与处理能力对于企业而言有着不容取代的重要意义。企业需持续强化自身的数据整合与分析能力，从数据层面为企业的资金管理及财务决策提供依据，才能为财务会计向管理会计转型创造条件。

第一，企业应综合多方考量，搭建相应的数据收集管理框架，明确数据管理范畴及内容，意识到数据管理的核心意义。第二，企业应尽快建立健全数据库，且以企业发展规模为调整企业数据库规模的决定性因素。企业应从资金层面为数据库建设提供保证，财务部门需将客观而真实的分析数据提供给数据库，并通过数据库的大数据分析比对，将分析结果反馈给企业管理者，以期为管理层进行决策提供强有力的数据支持，在企业内打造信息共享、循环利用的局面。第三，重视整体提升企业财务管理者的数据分析能力，定期组织培训活动对企业管理者进行强化教育，帮助他们掌握最系统、最前沿的数据分析与处理方式，使其以财务数据的抓取与分析结果为依托，更好地诊断企业运作过程中所存在的问题并科学处理，以推动企业健康发展。

(四）财务风险防范

伴随人工智能技术的飞速发展，加之发展势头迅猛的大数据技术的共同作用，管理会计在企业会计中逐步占据更高的地位。尽管财务会计和管理会计均是以为企业管理决策提供客观、真实且有效的数据支撑为主要目标，然而从关注的重点来看，二者的差异极其显著，管理会计以会计监督作用的最大化为关注重点，及时掌握企业内部的管理与成本控制情况，为管理会计的监控职能提供数据支持，绩效考核与财务评价齐头并进，能最大化发挥财务业绩考核与管理业绩考核的协同作用。采用两种标准相结合的方式，精准评价各部门的工作情况，可使会计工作的过程管控作用得到最大化发挥。在数据库中，人工智能系统以计算机技术为依托有力保证数据的准确性，并根据相应数据制作财务报表，健全财务监管体系，以期将企业的财务风险管理能力提升到更高层次。

伴随大数据时代的到来，人工智能技术与企业财务会计的有机结合已成必然之势，然而这并不表明财务工作者及财务会计工作将退出历史舞台。企业财务工作者应从理论、实践等层面持续强化自身实力，不断提升自身的综合素养，强化时代性，以顺应人工智能的时代发展形势，以期在企业发展中做出应有的贡献。企业应从自身实际出发，科学引进与自身财务发展相契合的人工智能产品，进而为企业财务发展提供保障。

第二节 人工智能对财务会计工作的影响

人工智能是一门新兴科学，它正在悄悄崛起，它研究和开发理论、模拟、技术、方法和应用系统，用以扩展人类智能。计算机技术领域的一个重要分支就是人工智能，它的反应与人类智力所做出的反应类似。它的研究范围包括专家系统、自然语言处理、图像识别、语音识别和机器人。人工智能在理论和技术上都越来越规范化且越来越成熟，其应用领域也越来越广泛，已逐渐扩展到会计行业。人工智能不仅能够模拟人类的意识，还能够模拟人类的思想。

一、人工智能对企业财务会计工作的影响

（一）人工智能的积极作用

在人工智能时代，人们利用会计智能软件完成许多烦琐的会计工作，大大提高了工作效率，大幅度减少了工作上的失误，极大地提高了企业的核心竞争力，这将有助于促进会计行业的转型。在一些小企业的传统会计岗位上，财务人员既管理资金又管理账目，财务会计账目混乱，为财务造假和不法分子牟取私利创造了机会。而在人工智能环境下，大部分会计工作都是由计算机完成的，会计人员只需对其进行审核。循环结束时，系统将自动进行平衡测试。人工智能在一定程度上大大降低了财务造假的可能性。

在传统会计岗位上，会计人员要严格校对报表、账簿及凭证，但难免出错，导致会计信息错误或丢失。如果企业利用会计软件来进行会计核算校准，无疑会大大减少工作上的差错，会大幅度提高会计信息质量。

（二）人工智能的潜在危险和对会计行业的冲击

目前，人工智能的安全性还不足，这可能会导致人工智能核心数据被盗，甚至会致使企业重大机密或私密数据泄露，结果是难以想象的。人工智能也有不可控性，如程序突然出现错误，或者程序可能莫名其妙崩溃，这无疑增大了数据丢失的可能性。不可控性还取决于科学技术的快速发展。在未来，可能会出现自主的、强大的人工智能，能够自主学习、重新编程和处理代码，并可能承担一定的风险。从社会角度来看，过度依赖人工智能可能会破坏财务会计领域的学术研究和基础理论探索。时至今日，法律更新的速度远远达不到会计人工智能的发展速度。人工智能给企业带来便利的同时，毫无疑问地会带来一些不可避免的法律风险。

人工智能金融机器人将财务会计与人工智能相结合，可以在极短时间内既准确又快速地完成基础工作，哪怕是传统工作中耗费大量人力、物力的工作。因此，许多基本的会计工作将被取消，如基础会计、费用往来会计和核算会计。会计市场已经趋于饱和，市场需求远远小于会计供给。

二、财务会计领域应对人工智能的措施

（一）高校会计教育实用性变革

随着人工智能在生产和日常生活中的应用越来越普遍，会计领域迎来了机遇，但同时，毫无疑问，机遇与困难是同时到来的。对于高校来说，会计实务改革，一是要转变人才培育目标。在过去，会计往往注重提供信息，所以高校的教学大多集中在"会计"培训上。在当今时代，会计管理职能的地位得到显著提高，由以往的显示价值转变为现在的创造价值，这无疑是会计工作主要职能的重大变化。因此，高校应该审时度势，顺应时代的变化和满足时代的需要。会计专业的学生不仅要掌握专业知识，还要加强管理和数据分析能力。二是增加管理会计培训的相关内容。增设对应实用课程，这样方能使得人才培养质量得以提升。高校还应充分利用资源，增设成本控制、绩效考核等一系列管理会计专项课程，努力向社会输出会计管理人才。三是让人工智能进入大学课堂，增加一些实践课程。在当前时代，每一个行业的发展都需要紧密依靠新技术、新技能和新知识。把人工智能带到大学课堂，让学生得到实际体验，让他们学会用人工智能解决相关问题。

（二）会计从业人员需求特质的转变

在人工智能的浪潮中，会计从业人员不仅应该看到人工智能带来的效率和便利，还应该正视人工智能给会计行业带来的机遇和挑战。挑战是大量基础工作的转移以及大量从业人员面临失业危机。机会是抓住这一变化，努力提高自身的价值，加速自身的升级和转型，顺应时代潮流，了解管理会计的重要性，学习管理知识，并成为企业价值的创造者以及社会不可或缺的人才。人工智能就像一把双刃剑，特别是在会计行业中，尽管会计人工智能取代了大量传统从业人员，但是基于现有数据和整体环境，人工操作依然在会计工作中占主导地位。因此，会计从业人员必须牢牢抓住机遇，正确科学地规划自己的职业生涯，积极转变成会管理的复合型人才。

（三）对传统思维观念进行转变或创新

随着科学技术的飞速发展，人工智能在各行各业表现出愈发流行的趋势，一

些会计人员特别容易被人工智能顶替。因此会计人才都应该努力提升自身能力，使自己在会计行业中占据一席之地。一名优秀的会计人员，如果仅拥有少量会计知识且不去更新是肯定不行的。会计人员需要全面提高自身的综合能力，积极学习审计、税法等方面的知识，提高自身的数据分析能力，实现手工工作与会计软件工作相结合，最大限度地提高工作效率，提高应用专业知识的能力，成为不可或缺的综合型高端会计人才。

（四）增强安全意识，确保财务信息安全

人工智能逐渐兴起，与之相伴的信息安全问题也已来临，信息安全问题走入人们的视野，受到人们的广泛关注和极大重视。财务管理是一个企业最核心的业务，其安全问题更是不容小觑。在系统安全方面，财务机器人运行主要是根据模型，通过 AI 算法来对数据进行处理和分析。在此过程中，如果外部或内部人员非法入侵其中任何一项，对其进行改写，都将会对企业造成重大经济损失，因此必须做好数据采集、存储、传输、共享、使用、销毁等步骤的安全工作，避免数据被非法访问者抓取、破坏、修改、损毁，造成企业内部甚至会计行业混乱，这也是目前互联网时代和人工智能时代所有企业一直需要直面的问题。人工智能应用于会计领域，虽然能提升效率，但它所带来的风险也是不能忽视的。网络的安全建设工作是重中之重。现阶段我国遗留很多未能处理的网络安全隐患，这需要企业定期升级和改善自己的系统，而会计人员则需要掌握更多的网络知识，以便有能力应对挑战，这样就会不断减少甚至杜绝网络问题导致的系统漏洞甚至信息泄漏。

（五）改变思维模式，树立终身学习目标

人工智能的发展无疑会对会计从业人员提出更加严格乃至严苛的要求。对于会计从业人员来说，以往的学习内容已经远远不能满足当前会计工作的要求，尤其是在人工智能技术广泛应用后。因此，那些未曾被时代淘汰的和决心在新时代站稳脚跟的人，必须树立起一个重要信念，那就是终身学习。在会计工作中，每个人都应该意识到人工智能技术的发展带来的生存危机，不断学习，不断实践，更加严格地鞭策自己，提高自身的综合素质，更新自己的知识，从而更好更快地适应人工智能技术，跟上它蓬勃发展的脚步。在日常工作中，会计从业人员只有加强对人工智能的研究和新技能在会计领域中的应用研究，充分理解并掌握会计

行业的新兴模式，懂得管理基础理论和电子信息的相关技术，才能提高自己在这个时代的竞争力。

第三节　财务智能化趋势下的会计人才培养

以财务共享中心为代表的各类财务智能模式已经在我国企业中得到广泛运用。中兴新云 SSC 数据库显示，截至 2021 年初，我国境内的共享服务中心已经超过了 1000 家，其中华为、中兴、中建等企业均实现了财务智能化。我国政府也一直在持续关注并不断推动会计智能化的发展，2021 年 12 月财政部印发的《会计信息化发展规划（2021—2025 年）》指出，要深入推动单位业财融合和会计职能拓展，加快推进单位会计工作数字化转型，完善会计人员信息化能力框架，创新会计信息化人才培养方式，打造懂会计、懂业务、懂信息技术的复合型会计信息化人才队伍。然而，当前会计人才的培养却严重滞后于财务智能化的发展速度，不少院校因专业师资和基础设施配置不完善等原因，仍沿用原有培养方案，致使多数会计学专业学生毕业后难以满足社会需求，导致人力资本市场呈现会计人才供需错配的局面，一定程度上阻碍了社会经济的数字化转型。

针对以上情况，学者们已经有了一定的研究。程瑶聚焦财务智能中的新兴技术"互联网+"，探索"互联网+"环境中会计本科教育的顶层设计，她认为高校应当从建设网络基础设施、优化教育管理系统设计、改善会计学专业课程与教学三个层面出发完善会计本科教育的顶层设计。唐大鹏、王伯伦等侧重探讨了"数智"时代会计教育的供给侧结构性改革途径，提出了深入推进校企合作创新、加强师资队伍建设创新、推进学科交叉融合创新、重构会计课程体系创新、探索会计教学方式创新、加强智能教育平台创新等举措。而舒伟、曹健等则基于"新时代高教四十条"，对处于数字经济时代中的本科会计教育改革提出了实施路径。

我国学者较多地从会计教育供给侧方面讨论了财务智能化环境下我国的会计教育改革，提出了丰富而深刻的见解。较少有学者深入地从会计人才培养需求侧出发，探讨财务智能化背景下我国会计人才的角色定位，分析财务智能化环境下我国会计人才能力适配问题，进而探索我国会计人才培养的改革。因此下面将从财务智能化趋势入手,针对会计人员在工作中四种角色的内在需求,提出与之相适应的会计人员应具备的能力,进而提出会计人才能力重构的路径,以培养复合型多元化高端会计人才。

一、财务智能化趋势下我国会计人才的角色转型

当前市场经济活动中,会计人员扮演着举足轻重的角色,其职责包括客观公允地计量、记录、反映企业资金运动,为利益相关者做出决策提供有价值的信息。国内外相关研究如 IMA、ACCA 的研究表明,未来财会行业的黄金发展机遇已经凸显,这些黄金发展机遇代表着新兴的职业机遇。同时,随着企业创新变革、新商业模式的不断演进以及技术的飞速进步,财会行业的职业道路也变得更加多样化,会计人员既可以据此进一步拓宽传统财会职业道路,也可以尝试跨领域开辟新的职业道路,进而重新定义其职业生涯。因此,下面依据以上报告中关于未来会计人员在财务中扮演的角色的描述,并且结合当前高校会计人才培养目标,将会计人员未来的角色定义为职业道德践行者、数字技术实践者、业财融合引领者和企业转型推动者。

(一)职业道德践行者

会计人员的职业特殊性使其能够直接接触企业资金并进行财务处理,进而把控企业的经济命脉。面对财务智能化环境的全新挑战,会计人员更应坚持企业会计职业合规准则。例如,会计人员在处理数据时必须时刻坚守职业道德底线,充分考虑不同数据的获取来源、处理流程、报送机制等是否处于合规监管之下,是否存在违规处理数据的情况,数据处理各环节是否存在外借指令文件等。作为职业道德践行者,会计人员在未来学习中,还应深入分析资本市场中违背合规性的案例,挖掘深层次潜在的舞弊机制,并结合企业的实际情况,防患于未然,进而对不断变化的外部环境时刻保持清晰的认识和敏锐的洞察力。

(二)数字技术实践者

伴随财务智能化趋势的进一步扩大,会计人员会面对越来越多的半结构化数据和非结构化数据。因此,在业务层面上会计人员扮演着数字技术实践者的角色,利用新兴技术和分析工具从海量数据中发现问题,助力企业完善业务流程并健全

财务管理机制。同时，作为数字技术实践者，会计人员应积极支持企业不断积累各类数据集，将财务团队转变为企业的数据分析巨头，挖掘对企业有价值的信息，对不同的业务动态和场景进行财务建模，做出具有前瞻性的有效分析，以探索新的商业模式、新的入市渠道，进行新投资的商业论证，进而助力企业在短期内形成竞争优势并取得长期持久发展。

（三）业财融合引领者

在财务智能化趋势下，传统的会计核算逐渐向业务渗透。传统会计核算中会计人员处理企业业务多为事后核算，意味着相关业务完成后会计人员才核算出财务数据，如收入、成本、利润等基本信息，最后将此类财务信息报送给利益相关者。而智能时代的会计人员应担当业财融合引领者，不再拘泥于事后获取业务数据，不再局限于会计准则的要求，而是应将眼界扩展至产业链的上下游，放眼于竞争对手信息、行业发展趋势、市场政策导向等。会计人员还应通过智能软件第一时间追踪企业业务办理流程，实时监测企业上下游产业链的数据信息，主动融入业务经营，做到全流程、全场景、全周期地把握业务，进而保证能够"用业务故事讲解财务报告"。

（四）企业转型推动者

企业转型推动者作为组织变革的架构设计师，需要推动企业未来发展战略的制定、重大改革方案的制定、财务运营转型等。由于财务智能化带来的颠覆性变化，新运营模式、新产品与服务、新平台经济等越发能影响企业的发展与转型。基于此，会计人员应切实转变为企业值得信赖的"顾问"，对数字经济的敏锐洞察力促使其能够全面了解企业外部的政策、经济、社会环境，并结合企业的实际情况提供更为广泛的管理服务，为企业转型改革提供可行的建议与对策。

二、财务智能化趋势下我国会计人才的能力适配

当前，我国高校向社会输送的多数会计人才的能力水平并不能达到数字时代企业的实际要求，由此出现了供需不匹配的情况。部分高校在会计人才培养中过分注重学生基础能力的培养，而较少从企业实际需求出发去探索会计人才培养模式，进而导致目前的会计人才无法满足财务智能化趋势下企业对会计人才的要

求。基于当下会计人才职业能力的短板，下面将从复合专业实操能力、数字技术应用能力、综合素质拓展能力三个角度剖析财务智能化趋势下会计人员应当具备的能力。

（一）复合专业实操能力的培养

会计人员应当具备多学科交叉运用能力。新兴的人工智能技术大体上已经可以替代会计人员从事的机械性、重复性账务操作，会计凭证、财务报表的一键录入与自动生成也已成为现实，这促使着会计人员进一步向高端会计人才发展。而高端会计人才应储备多学科理论知识，如法学、经济学、管理学、计算机、外语等。多学科交叉背景知识有助于会计人员提升自身在企业中的价值，摆脱传统单一角色，多角度地为企业做出贡献，促进企业财务战略变革。比如，在企业进行不同法律环境下的交易时，会计人员的多学科背景知识能够保证企业在交易过程中合理避开由于政策法规制度不同而带来的不必要损失，保证企业跨国交易的可行性和合规性。

同时，会计人员也应注意到会计与财务专业技能是会计人员的基础核心能力，是实务操作中应具备的基本能力。面对财务智能化趋势，扎实的财务会计实务能力是一切工作的前提。一切新兴技术的运用最终将会落脚于会计学专业知识，没有会计人员的专业知识储备作为账务处理的基础，再先进的技术也难以发挥作用。因此，会计人员应当重视对专业知识的查漏补缺，深入学习财政部等政府部门出台的最新政策及其解释，掌握会计实务操作中的业务处理方法。

当前处于信息大爆炸时代，智能化技术的运用需要会计人员具有更强的职业判断能力。例如，区块链技术在财务领域中的应用改变了过去的会计记账模式，将一个主体集中式记账模式转变为多个主体分布式记账模式，参与记账的各方通过同步协调机制保证了多个主体之间数据的一致性，规避了复杂的多方对账过程。但在这一过程中，由于不同方的入账均会显示在自己的账簿上，因此，该过程就需要会计人员具有准确的职业判断能力，即判断该笔业务是否符合本企业的会计处理规范。面对财务智能化趋势下的企业风险管理，会计人员要对数据应用保持批判性思维，不能一味地依赖财务智能化机器人，而应当以会计学专业思维为基础，从专业角度进行深度思考，对可能存在的风险点进行把控，合理运用职业判断，从而有效规避企业风险。

（二）数字技术应用能力的塑造

上海国家会计学院会计信息调查中心发布的《2021年影响中国会计人员的十大信息技术评选报告》明确表明了当前信息技术对财会行业的冲击，财务云、电子发票、会计大数据技术与处理技术等已深深影响到会计工作，并对会计人员提出了新的要求。财务智能化时代，除了基本的知识技能和软实力，数字技术应用能力也已经成为会计人员作为数字技术实践者的必备能力，且数字技术应用能力并非指简单地运用 Excel 等基础软件操作数据，而是指运用 Stata、Spss、Eview 等前沿数据处理软件进行数据挖掘、筛选、宏微观分析及处理的能力。尤其是在数据清洗过程中，会计人员应通过熟练操作新兴数据分析工具，摆脱传统头脑风暴抉择模式，更多地通过数据助力企业进行决策与管理风险，通过数字技术应用结合具体业务场景和商业模式，提高财务部门的核心效率，更精确地预测企业未来发展走向，进而为企业发展提供更具专业性的建议。

（三）综合素质拓展能力的提升

1. 基本职业道德

良好的基本职业道德是从事会计工作的基础，也为会计人员的发展与成长指引了方向。在财务智能化趋势下，会计人员更应将工作置于职业道德范围内，保证企业的经济活动合法高效运行。特许公认会计师公会（ACCA）在名为《AI 可持续发展中的职业道德：联通 AI 与 ESG》的报告中提到，会计人员在运用人工智能技术时应当遵守其应用的监管要求，判断其是否符合本企业智能技术的道德规范。从整体上来说，在瞬息万变、竞争激烈的市场中，会计人员应确保数据处理、风险管理符合商业伦理的规范，保持客观性与保密性。具体到企业账务处理的各个环节中，每一个会计人员应以合规的方式处理业务数据，公允地反映业务数据，保障利益相关者的基本权益。此外，职业道德作为会计行业底线，能够约束会计人员，提高其违法违规成本，以此降低个人腐败现象的发生，进而为会计人员的长期发展提供保障。

2. 沟通协调能力

在财务智能化时代，会计人员的沟通能力贯穿整个会计流程，包括企业内外各方面间的沟通协调。在企业内部，一方面，会计人员需要与其他职能部门保持沟通。一个企业的财务中心不仅仅有财务部门，更多的是需要与企业经营直接相关的部门互相配合，如采购部门、生产部门、销售部门等，财务中心的数据也同样来源于这些职能部门的经济活动。在智能财务环境下，会计人员利用良好的沟通能力能够与其他部门迅速建立信息对称机制，保证数据处理流程的一致性与连贯性。另一方面，会计人员还会与管理层进行沟通，这个层面上的信息传递更需要保证高效率与高质量。因此，现代会计人员拥有良好的沟通协调能力是必不可少的。

在会计人员与企业外部人员的沟通中，更多的是需要与外部监管者沟通，如税务局和会计师事务所。在财务智能化背景下，企业已实现一步网上报税，体验一站式税务服务。在面对税务局的税务稽查时，良好的沟通能力能够使会计人员清晰明了地阐述企业现行的电子纳税机制、税务申报流程、减税适用政策等。此外，在与会计师事务所沟通时，拥有良好沟通能力的会计人员能够简明扼要地对企业的服务特色、业务模式、业务流程、内部管理（结算体系）、采购管理等做出必要介绍，以方便审计单位对企业的内部环境有更进一步的了解，有利于审计工作的全面开展。

3. 创新领导力

随着智能财务的进一步发展，会计人员的创新领导力应不再局限于具体业务，而是应立足于财务部门，布局整个企业。企业数字化转型过程中的财务转型并非孤立进行，会计人员需要根据外部环境变化对财务战略做出相应调整，并与其他职能部门统筹规划，以稳健高效的方法来评估企业绩效，调动财务部门与相关业务部门合作的积极性，进而推动整个企业的数字化转型。

三、财务智能化趋势下会计人才培养改革的对策

在智能财务不断取代传统会计的新形势下，传统的会计人才培养体系在契合高速发展的财务智能化的进程中，难以满足诸如上文所提到的复合专业实操能力、数字技术应用能力和综合素质拓展能力的要求。目前，我国会计人才培养从整个市场范围来看，包括中职、大专、高校本科、高校硕士研究生、社会培训以及会计人员在职后续教育等不同的培养对象及层次，其中中职和大专会计学生培养和高端财务智能发展联系不够紧密，培养目标更侧重于前沿理论研究的学术型会计学硕士和博士培养与企业运营实操需求差异较大，因此，下面重点研究高校教育中的会计本科与会计专硕教育、会计人员在职后续教育层面在财务智能化趋

势下会计人才培养改革的对策，其中会计本科与会计专硕教育在总体培养目标、培养途径、教育资源等方面具有较多的相似性。

（一）会计高校教育

高校是连接学习与工作的最后一道桥梁，会计人才要想达到财务智能化趋势下企业对会计人员的各项能力要求，就要经历高校的理论学习与专业实践。唯有通过高校成体系的教育培养，才能满足社会对智能财务背景下新型会计人才的需求。高校必须从内部资源优化、教学质量保障、学生素质拓展及外部多方助力四个方面进行改革，以培养适应市场需求的财务智能化会计人才。

1. 内部资源优化

（1）培养模式多元

过去传统会计教育重在关注会计学单一学科的发展，而在多元化复合型人才培养目标下，高校应积极探索社会实际所需的会计人才多元化培养模式。在财务智能化趋势下，高校的培养模式应当做出革新，在传统单一会计学的基础上，进一步引入 ACCA 方向、CPA 方向、CIMA 方向、智能会计方向、"E+"会计双专业等培养模式，根据不同的培养模式差异化培养复合型高端会计人才。例如，ACCA 方向的学生通过学习相关课程，能够较深入地掌握国际会计准则的内容，进而在会计准则国际趋同的环境下，赢得跨国企业的青睐；智能会计方向则侧重于将数据处理技术融入相关会计课程，努力培养具有高水平数据筛选和处理能力的人才，为企业财务智能化决策提供支持。

（2）完善物质资源

财务智能化趋势下会计人才的培养更需要完善相应的物质资源。所谓物质资源，具体包括智慧教室、财务共享实训室等。一方面，过去仅仅利用投影仪的多媒体教学已经难以让学生直接获得贴合企业实际的知识内容。为达到提升会计人才实操能力的目的，高校应当引进能够进行人工智能会计场景教学、混合式学习、信息化技能学习以及人机交互学习的实验室，加大在智能设施上的投入力度，确保智能教学设施可以满足预期的教学要求。另一方面，在会计人才培养资本投入等方面，高校应与具有强大研发创新能力、技术资本雄厚的科研院所及企业进行深度合作，依托企业的实际工作场所，聚焦财务智能时代背景下的会计处理方法，以培养学生的会计职业判断能力及更进一步的创新领导力。

（3）强化师资团队

会计人才培养不仅仅需要学生自身付出努力，高校的师资团队作为会计人才培养的具体实施者，其作用同样不容忽视。然而，目前我国会计教育的师资力量面临着中老年教师富有教学经验但缺乏前沿新兴数字技术知识，年轻教师富有前沿数字技术知识却缺乏教学经验的局面，导致师资力量难以满足目前会计人才培养的实际所需。因此，缺乏前沿数字技术知识的中老年教师需要了解新兴业务，及时转变观念。在具体措施上，高校可轮岗派遣教师前往企业的财务共享中心、财务信息化部门加强学习，确保教师能够在一定程度上掌握财务智能化会计技能，后续再由教师自主选择以何种方式创新教学模式。针对缺乏教学经验的年轻教师，高校可以采取一定期限内的"师徒制"模式，教学经验丰富的教师通过传授自身经验，加强年轻教师对课堂教学的整体把握能力，从而提升他们的课堂教学质量。

（4）课程体系改建

我国高校会计人才培养的核心专业课程体系长期处于相对稳定的状态，多数课程名称、课程内容甚至授课教师多年来基本未出现较大变化，课程传授的内容难以紧跟社会经济环境变化。这种"不变"看似稳固了教学质量，但相较于时代需求的不断发展，实质上是"不进则退"，使课程设置经常成为学生以及企业 HR 所诟病的对象，在根本上无法满足财务智能化趋势下会计行业的实际需求。

当前高校会计人才培养不能再完全沿袭过去的课程体系，要避免培养大量能力平均、同质化严重的核算型会计人才。根据 ACCA 方向、CPA 方向、CIMA 方向、智能会计方向、"E+"会计双专业等各类培养模式，高校应有目的性地设计特定课程，满足不同学生对不同发展方向的需求。此外，通识理论课程应当受到更多关注。在过去的会计人才培养体系中，课程设置往往强调专业技能的重要性，而忽视了会计职业道德的必要性。很多高校的职业道德课程开课数量少，甚至不开设会计职业道德理论课，这明显有悖于社会发展的要求。因此，现代会计人才培养应当进一步提升对会计职业道德教育的重视。高校还需要认识到新形势下会计人才培养中对学生的思想教育始终不可放松，使学生树立正确的价值观是教学的关键内容之一。高校需要加强"思政课堂"，使得思想政治类理论课程始终与专业课程并行发展、相辅相成。

（5）课堂教学创新

在满足基本的教学条件后，高校应当围绕实施的教学内容，辅以高效的教学方法，为学生呈现高质量的课堂教学。在教学方式上，"互联网+"技术改变了教师的传统教学模式，高校教师应当摆脱"填鸭式"教学，利用互联网，实现教学资源整合，让学生成为课堂教学的主角。在授课过程中，教师可以通过文字材料、案例、视频等丰富的媒体资源，采用分析讨论等更直观的教学方式，提高学生主动参与学习的积极性。通过自主参与的模式更高效地提升学生自身的综合素质，培养学生正确的价值观以及会计职业判断能力。同时，相互合作讨论乃至辩论可进一步强化学生的沟通协调能力。例如，高校教师在课堂中引入云课堂、优学院、慕课等新模式，增强学生的数字化与网络化思维。在此基础上，线上教学不仅可以更好地剖析传统黑板教学难以深入研究的经典案例，而且能够更为便捷地提供前沿智能财务知识。线上教学主要是对交互式教学方式的具体落实，提高学生对课上所学内容的综合运用能力、表达能力和交流沟通能力。同时，教师应利用互联网提升课堂教学的趣味性，例如，结合当前财会领域的热点议题，让学生通过小组形式利用数据化信息检索手段，搜集相关的案例或交叉学科信息，并最终通过学生讲解的形式达到教育的目的，在保障教学质量的同时还能增强学生对会计相关领域的兴趣，让枯燥的会计理论学习不再拘泥于文字，使课堂教学因创新的教学方法而更生动活泼。

2. 教学质量保障

（1）学生学习考评

在对学生的考核评价上，高校需制定覆盖日常教学过程中各个关键环节的质量标准和规范，具体包括线下和线上课堂规范、实习实践报告规范以及毕业论文（设计）规范等。在日常考核中，高校可以对现有普遍的"平时成绩+考试成绩"模式进行细分，从"线上+线下"双层级对学生的表现进行测评考核，并且通过各类统计软件以及计算机技术进一步规范管理日常教学中的各类考核环节；同时，可以根据专业培养的不同方向和课程中的不同侧重点设计多样化的评价指标，拓展构建多维度评价模式，并合理分配参考权重，使得学生的成绩考评结果更加全面、综合、合理。

（2）教师教学监督

高校应当建立相对应的教学督导委员会、组织机构以及相关各类岗位，确保能够形成流程完善、职责清晰的质量保障组织体系，定期对教师的教学方法、教学内容进行监督。尤其是在立德树人理念下，针对培养什么样的人才、怎样培养人才等问题，高校还应加强对教师专业道德素养的考评。在会计教育中，高校应当将课程思政建设纳入考评体系，建立具有中国特色的会计教师考评机制，衡量教师是否在专业课堂上结合了习近平新时代中国特色社会主义思想，引导教师在课程中重视对学生世界观、人生观和价值观的培养。

3.学生素质拓展

（1）"高四商"的培养

在财务智能化趋势下培养高素质的会计人才要着眼于学生"高四商"的培养。"高四商"即高智商、高情商、高数商和高德商。此处的高智商并不是指受先天条件所限的智力水平，而是指会计人才在面对繁杂的账务处理业务中的高水平职业判断能力。同样的，情商也不是广义上个人层面的人际交往能力，更多的是侧重于会计人才对于部门内外甚至企业内外的沟通协调能力。此外，高校还应当注重对会计专业学生高数商和高德商的培养。高数商即对数字技术的灵活运用。在财务智能化趋势下，会计专业学生走上工作岗位后会面对多种类型的数据，面对各类财务数据与非财务数据间的勾稽关系，高数商能够帮助学生迅速透过数据看清业务本质。因此，在会计人才培养中，高校应打通数字与财务的隔阂，积极探索智能财务系列课程教学。高德商则是学生应具备良好的会计职业道德。高校应将传统会计人才教育转变为财务智能化高素质人才培养，倡导学生坚守会计职业道德，使学生明白这一坚守从未改变甚至变得更为重要。高德商的培养要求高校将职业道德融入教师日常教学中，通过正面引导教学或案例教学，规范学生未来的职业行为。

（2）专业文化建设

会计专业学生素质的培养还可以通过会计专业文化建设来实现。会计专业文化建设旨在在高校内部营造良好专业氛围，通过打造"第二课堂"提升学生对会计专业的认可度。第二课堂从学生的自身需求角度出发，加强课外管理育人、服务育人，推动自主学习、合作学习，注重专业引领和榜样示范，以形成浓厚的"比学赶帮超"会计专业文化。具体而言，第二课堂的形式包括：一是全程导师制，贴合实际情况引导学生的职业发展；二是开设财经大咖沙龙，通过成功人士的亲身经历引领学生的职业发展路径；三是建立专业公众号，定期推送优秀榜样提高学生的内动力等。第二课堂可从社会科学中诸如法学、社会学、经济学乃至传播学等不同于管理学却又与会计这一管理类学科息息相关的其他学科入手，拓展学生的视野，提升学生多学科交叉运用的能力。此外，高校更要注重不同年级阶段学生的不同需求，做到课程开设有目的性、时间选择有灵活性，切不可忽视学生的兴趣，将任务化、格式化的教学内容强加于学生，避免灌溉式教育的发生，要使第二课堂真正成为有价值且更有活力的教学课堂。

4. 外部多方助力

（1）专业标准制定

国家教育部门需要切实为会计人才培养提供政策辅助，及时修订和完善《工商管理类教学质量国家标准（会计学专业）》（以下简称《标准》），为高校的会计人才培养起引导作用。在2018年，教育部发布的《标准》对高校会计学人才培养提出了基本要求，成为目前会计学本科专业设置、指导专业建设以及评价专业教学质量的基本依据。然而，在这一版的《标准》中并没有充分反映智能财务时代下的会计人才培养内容。应当立足于会计行业的未来，特别是要根据数字经济时代对会计人员能力的要求，基于人才的全面发展，坚持立德树人原则来修订和完善新形态、新时代的专业准则。因此，教育部门在修订和完善《标准》时要以培养学生的综合素质为基础，满足数字经济时代社会和企业对会计人员能力上的新需求。

（2）教育理论创新

学术界需要提升高校会计教育理论研究的广度与深度，进一步从国外优秀高校会计人才培养模式中汲取经验，并结合我国实际国情，创建具有中国特色的、适应我国社会发展的会计人才培养体系。我国在会计教育理论的研究上起步较晚，在发展过程中遇到的问题不仅带有历史发展赋予的特征，还具有自身的独特性。因此，学习和借鉴其他国家和地区的会计人才培养经验，是我国创造性地解决目前会计人才供需错配问题的重要手段之一。

（3）"政产学研"协同

高校应当积极实践"政产学研"协同。2019年2月由中共中央、国务院印发的《中国教育现代化2035》提出了推进教育现代化的八大基本理念，包括更加注重融合发展、更加注重共建共享等，并要求各地区各部门结合实际，认真贯彻落实。其中，"政产学研"的协同发展对现今高校的教学资源配置发挥着举足轻重的作用，具体而言，政府应在产学研三方中发挥纽带作用。一方面，对财务智能化趋势下会计人才标准进行重塑。另一方面，通过政策法规上的支持，为高校、企业乃至科研院所提供可交流的信息资源和经济支持：高校可以通过"产教融合、校企合作"这一途径，积极与企业合作产学研究项目，共建实践基地；科研院所可以进一步强化与高校的合作，共研领先技术、共建学科专业，真正做到将研究成果转化为实践应用。

打造共商人才需求、共享优势资源、共研领先技术、共建学科专业、共管人才培养的"政产学研"协同育人模式，以社会的实际需求为导向，最终达成有针对性地培养具有广阔视野、扎实技能的多元化复合型高端会计人才的目标。

（二）会计在职教育

会计人员在职继续教育是强化企业会计存量人才、保证在新环境下企业经济活动高效运行的关键环节。2018年，财政部、人力资源和社会保障部印发了《会计专业技术人员继续教育规定》，提出要培养懂经济业务、懂智能数字技术的高水平会计人才。社会中的会计人员往往难以通过脱产的方式完成在校教育，因此相关后续教育机构应当根据会计人员面临的具体环境加强对会计人员的继续教育培训，并通过线上线下不定期开展相关理论后续培训、新兴技术教学、实践经验交流，来进行从业会计人员的后续教育，避免会计人员与智能财务时代脱节。

1. 相关理论后续培训

（1）交互教材编写

在相关理论的后续培训中，会计在职教育应当重视对教材内容的选择，应区别于在校学生教材。应在已有的基础会计理论教材的基础上，结合财务智能化发展趋势下会计行业的变化，将人工智能、"互联网+"、大数据等相关理论结合会计、审计、财务管理，新编案例型交互式教材。交互式教材不仅要继续强化对会计与财务专业基础技能的教学，还要引入财务智能时代背景下符合现代企业发展实际需求的相关数字化理论，以此进一步充实、完善会计人才在职继续教育课程教材体系。

（2）政策文件解读

《中华人民共和国会计法》以及会计准则、会计通则等一直是会计人员实操的指导性文件，在财务智能化背景下，财政部门也会对这些文件相应做出新解释。据此，会计管理部门应及时应对外部经济环境变化，下达相关政策最新解读文件，并组织各级会计人员集中学习指导性文件，保证企业的基本财务处理程序符合最新要求。此外，随着我国会计准则与国际会计准则逐渐趋同，后续理论培训中可加强会计人员对国际会计准则的学习，这样有助于会计人员进一步了解国际国内准则的异同，为企业营造良好的会计环境奠定基础。

2. 新兴技术教学

（1）数据处理技术

相比于在校学生，已经在工作岗位上的会计人员对数据处理技术的需求更为迫切。仅仅具有会计信息系统水平上的相关会计技术已经无法满足社会环境对会计人员的要求，因此，后续教育还应当重视除会计基本技能外如数据处理技术的传授，可以通过邀请相关大中型企业、会计师事务所资深财务专家等定期举办会计人员数字技术培训，从而提高会计人员的数据筛选和数据处理能力。

（2）"数财"融合技术

除了对数据基本处理技术的学习，会计人员后续培训还应当重视对数字技术在财务领域中的运用进行教学。例如，对会计人员进行财务共享中心的建立、云会计的实施、区块链会计的运用等多种实际操作方面的培训。随着智能技术在各类企事业单位的普及，在会计人员后续培训中，如果单独培训数字技术运用而脱离与财务数字化技术，那么会计人员可能无法有效地将二者统一起来，而仅仅只是学会了两类单一技术，无法满足企业的需求。

3. 实务经验交流

（1）管理部门推动

会计管理部门应当注重提升会计人员的经验，可以通过举办各类财务决策、账务案例分析等比赛，鼓励各级会计人员踊跃参加，进而达到丰富会计人员知识、提升会计人员技能的目的；还可以借助CPA会员、ACCA会员的后续教育管理，聘请业界大咖，举办财经论坛，或是定期发布相关案例报告，提高会计人才队伍水平。

（2）标杆企业交流

面对当前的财务智能化趋势，不同层次、不同规模企业的财务部门对于外部环境的反应速度存在差异。例如，华为等大型企业很早之前就实现了业财融合与财务共享。因此，在会计人员的后续教育中，发展较缓慢的企业应当与标杆企业建立会计人员互帮机制，调配自身会计人员前往标杆企业的财务部门吸取先进的财务工作经验，了解标杆企业在面对智能环境时做出了哪些调整，并结合行业特征对自身财务部门进行战略性改革，促使财务部门的转型发展满足外部环境的需求。

第四节　财务会计由信息化向智能化转型发展

科技的进步带动了人工智能技术的发展，随着人工智能技术在我国各行各业的普及，各行各业的发展模式都发生了改变。2016年，德勤会计师事务所研发出智能财务机器人，是人工智能在会计领域的一大进展。智能财务机器人的问世，大大提升了传统会计工作效率，重新定义了传统会计的记账、算账和报账等内容，使得人工智能环境下的财务会计有了新的工作内容和工作模式。这也意味着财务会计要面临人工智能环境下转型发展的新挑战。本节围绕财务会计与人工智能展开论述，重点探讨在人工智能应用环境下，财务会计由信息化向智能化转型发展的策略。

一、财务会计与人工智能

财务会计是按照国家相关法律法规和会计程序，以专业化处理方法对企业财产运作、资金流转、融资投资等相关业务进行统计、核对以及监督，并及时向企业相关利益者和国家相关部门提供财务运行报告的经济管理活动。财务会计是保证企业稳定运营的基础性工作，财务报告是财务会计统计、核对和分析的财务数据，企业管理者通过阅读财务报告，就能够全面了解企业的经营现状，并将其作为决策的参考和依据。

人工智能，就是利用计算机技术、数字技术为人们提供周到的服务。人工智能的设计原则是以人为本，其本质就是数据计算，即按照人类的逻辑思维来进行相关的软件开发和芯片制作，人们可以通过键盘、鼠标、屏幕等输入端与人工智能进行互动交流。人工智能设备能够代替人类做一些人类不擅长的、高难度的或有危险的工作，其不仅拥有较强的学习能力，还能够自我演化迭代，吸收各类知识，在原有知识体系中进化出新知识，更新自己的知识库，适应新环境。

随着人工智能时代的全面到来，大数据、云计算和人工智能的应用越来越广泛，人工智能在会计领域已经取代了很多人工。传统财务会计体系在一定程度上已经无法满足企业发展的需求，这也给传统的财务会计活动带来挑战。财务会计需要在工作过程中不断转型，寻求更好的发展。

二、财务会计由信息化向智能化转型的发展现状

通过上文对人工智能的论述可知，智能化的时代背景对财务会计提出了新的要求。在时代的推动下，企业不断加大创新力度，对传统的工作模式进行改革，以满足人工智能时代的新要求。财务会计也逐渐拓展其职能，积极融入企业内部的业务活动，加强预测业务，评估经济活动，为企业的经济决策和控制活动提供有价值的信息。很多企业不断推动财务会计转型升级，从业财融合、管理会计、财务共享等方面寻找突破口，以顺利推进财务会计转型。

（一）业财融合

业财融合是指利用科学有效的信息技术，在财务部门和业务部门之间共享资金流、信息流等信息和数据，促进企业更好地实施相关政策和计划方案。传统的财务会计主要是事后会计，通常不重视业务的管理和问题的解决，只是对会计信息进行监督，这限制了企业财务部门的发展和作用的发挥。业财融合中，财务会计工作真正有效地融入业务活动，进行财务事前预估、事中控制和事后监督，这样的财务工作模式扩展了财务部门的职能。

（二）管理会计

管理会计（Management Accounting）是目前会计大类中的一个分支，其作用是为企业制定经济决策提供信息服务，包括对财务数据的收集、处理、分析与预测等。管理会计作为针对企业内部决策的财务管理方式，正在起到越来越重要的作用，已成为企业实现战略目标的重要工具。管理会计的主要任务是对已有财务数据进行动态分析和实时预测，通过数据分析、结果预测等工作，将分析结果和研究成果直接提供给企业管理层，帮助管理层优化中长期发展目标。

（三）财务共享

财务共享服务中心是指企业集团将各子公司和分公司的财务工作集中起来，进行批量处理，通过调整组织机构和资源配置，建立的能够标准化和统一化处理财务信息，减少财务管理方面的成本，便于高效管理集团财务的机构或系统。企

业集团传统的财务管理，由于子公司和分公司众多，各个财务部门独立，管理分散，难以做到统一协调，导致财务数据难以共享，财务数据收集和分析效率低，给企业集团的财务活动带来巨大障碍。财务共享有利于将复杂的财务工作流程简单化和标准化，提高财务信息收集和分析的效率，便于深挖财务信息，为企业的发展战略和计划等重要决策的制定提供数据支持。

三、财务会计由信息化向智能化转型发展的问题分析

人工智能的本质是社会生产力的革新，历史上每次生产力的革新都会对传统的工作模式形成挑战。在会计领域，世界著名的四大会计师事务所相继研究出自己的财务管理机器人，会计行业的人工智能化不断升级，大量机械重复的会计工作将由人工智能设备来完成，这对财务会计的转型发展提出严峻考验。

（一）对财务会计转型的认知不足

企业最看重经济效益，企业经营者大多将重心放在研发、生产、销售等环节上，对财务工作的重视程度不够，认为财务管理工作不重要，因此财务会计人员直接参与企业经营决议的机会很少。还有一些企业很少关注财务管理工作，认为财务管理有会计做账就行，根本没有管理的概念。财务人员也认为只要完成统计工作即可，不会去进一步分析数据。实践证明这种观念是落后的，对企业发展没有促进作用。在进行财务数据整理的过程中，财务会计人员可以发掘很多经济信息，对企业财务体系的转型有着非常重要的作用。

（二）企业组织对财务会计转型的配合度不高

在传统的企业组织形式中，财务部门与业务部门之间的沟通并不多，财务部门主要是对业务部门产生的经济数据进行核对和记录，更多的是起到事后管理的作用。在这种情况下，不仅业务部门和财务部门之间的信息在传递过程中极易出现延误和失真，不利于财务部门的基础数据核算工作，而且财务信息处理的结果容易与真实情况不符，无法给企业业务提供参考。

再加上传统的财务报表编制，只关注固定的财务指标数据，导致财务部门很难对企业业务中的其他信息保持关注，财务管理的效果不理想，达不到新时期企业经营发展的需求。

（三）财务会计的专业技能有待提高

在传统的会计工作中，数据整理是非常烦琐的，但由于企业对财务工作的重视程度不够，财务人员要投入大量的精力去完成数据的统计工作，使得财务管理工作实际的工作效率并不高。财务工作的特殊性，造成了财务人员工作环境单一、工作内容烦琐，许多财务人员面临巨大的压力，基本不会主动去了解其他部门的工作内容，尤其是人工智能方面的知识。长期如此就造成了财务人员知识面狭窄，新的知识储备不足。

（四）财务会计转型的信息化环境不友好

大多数企业中每个部门都是独立的信息管理系统，本部门的所有信息只能留在本部门内部，各个部门系统呈现各自为政的状态，没有充分实现信息全共享，甚至很多数据没有及时有效地传输到企业财务系统中，导致财务部门不能及时了解企业在发展过程中对于资金的需求和收支情况，进而无法根据实际情况准确制定下一步的财务计划和融资安排，无法实现财务与主营业务相融合，阻碍了财务会计向管理会计转型的进程。

四、财务会计由信息化向智能化转型发展的策略

（一）增强对财务会计工作的重视程度

财务管理对企业的发展具有一定的决定性作用，尤其在人工智能逐渐进入财务管理体系的发展趋势下，企业管理者更应该认识到财务工作的重要性，关注财务体系的转型工作。

第一，改变传统的财务会计理念。企业要重新审视会计的职能，要求财务人员将工作的重心更多地放在数据的处理、分析和趋势判断上。高度关注业务的事前预测，能够更有效地提高企业内部经济决策的科学性，减少财务风险。

第二，保持敏锐的嗅觉，了解人工智能在财务管理领域的研究进展，及时将最新的研究成果与本企业的财务工作相联系，结合本企业实际的财务管理工作，有针对性地引入相关技术，为企业内部财务会计的转型升级提供技术支持。

第三，保持学习的态度。企业财务人员要始终全面了解财务会计和管理财务的优缺点，不断掌握更多人工智能等先进的知识，在日常的财务工作中要时刻总结工作经验，更新自己的专业知识，以应对人工智能给会计工作带来的挑战。

（二）优化组织结构和业务流程

第一，调整传统的会计组织结构。部门架构的调整是实现业财融合和智能化转型的基础条件之一。将企业内所有业务活动进行整合后，单凭财务部门无法顺利开展财务会计工作，应适当调整传统财务会计的组织架构，同时需各部门积极配合。部门间融合得好坏将直接决定财务转型的效率。这就要求企业在转型时期，应不断加大改革力度，持续推动财务工作标准化、程序化、规范化，发挥财务管理的最大价值。

第二，制定全新的财务执行标准。在人工智能日益成熟的背景下，传统财务会计业务流程已经不能满足新的需求。在建设全新的财务系统时，企业管理者应对传统会计业务流程进行梳理，在符合国家相关规定的情况下，制定新的财务处理标准和工作流程，使财务会计业务更好地融入企业的业务活动，从而保障财务转型工作更加科学。根据企业发展实际及时修订执行标准，完善财务工作方案，使财务会计转型工作顺利开展。

（三）加强对财务人员的新技能培训

第一，改进财务部门的工作方式。随着人工智能在财务方面取得了重大突破，企业陆续引进相关技术对财务体系进行升级。在此背景下，企业要及时更新财务人员的工作方式，在新型财务体系的要求下，提高财务人员的工作技能和专业水平，提高企业财务工作的效率，为相关工作的顺利开展提供动力。

第二，提高财务人员的专业素养。传统的财务人员会计知识丰富，但缺乏业财融合、管理会计等的经验，知识结构和能力单一。企业不仅要引导财务人员学习财务一体化的相关知识，在实践中，还要不断跟踪业财融合的进程，加快转型，从而全面提高财务团队的综合素质，加强人才基础建设。当发现财务问题时，企业应加大教育培训力度，帮助财务人员找出问题的根源，进而有针对性地解决财务人员专业素养不足的问题。

（四）构建良好的信息系统环境

第一，企业在进行财务体系转型的过程中，应该科学合理地将互联网融入财务体系的建设中来，构建一个全面的人工智能应用系统，并加大资金投入，不断升级优化该系统，确保该应用系统能够发挥最大作用，为会计工作的顺利开展提供支持。加强财务信息化水平建设，在财务管理方面加大资金投入，完善财务统计软件系统等设施，提升手机处理与传输数据的效率。

  第二，在财务工作中运用人工智能技术，要设定一定的限值，不能忽视人工的重要性。关键性的财务数据还应该由专业的财务人员进行统计、核对、分析，避免人工智能技术软件或者硬件无法正常使用导致关键性数据丢失，进而阻碍企业良性发展。

  第三，加大基础会计工作信息化改造力度。先进的网络信息技术将成为企业实现智能化转型的重要支撑。针对一些企业信息系统碎片化，不能对信息数据进行有效整合的问题，企业在提供配套的软硬件基础设施的同时，应加大基础会计工作信息化改造力度，使财务人员从重复劳动中解放出来，为财务人员将大量精力投入信息管理中奠定基础。

  随着科学技术的进步，人工智能获得飞速发展，给企业财务会计转型带来机遇和挑战。在智能化发展背景下，企业财务会计转型要求企业高度重视财务会计的智能延伸，企业要结合自身的实际情况，以调整组织管理架构、加强人员培训力度、加快信息化建设等方式，充分发挥管理会计、财务共享、业财融合的优势，使企业财务会计转型成功，高效完成财务管理工作，在新模式下创造更多的效益，促进实现高质量发展目标。

参考文献

[1] 柴慈蕊，赵娴静. 财务共享服务下管理会计信息化研究 [M]. 长春：吉林人民出版社，2022.

[2] 胡娜. 现代企业财务管理与金融创新研究 [M]. 长春：吉林人民出版社，2020.

[3] 胡椰青，田亚会，马悦. 企业财务管理能力培养与集团财务管控研究 [M]. 长春：吉林文史出版社，2021.

[4] 寇改红，于新茹. 现代企业财务管理与创新发展研究 [M]. 长春：吉林人民出版社，2022.

[5] 李海霞，王少华. 金融企业会计 [M]. 西安：西北大学出版社，2020.

[6] 李艳华. 大数据信息时代企业财务风险管理与内部控制研究 [M]. 长春：吉林人民出版社，2019.

[7] 刘春姣. 互联网时代的企业财务会计实践发展研究 [M]. 成都：电子科技大学出版社，2019.

[8] 王攀娜，熊磊. 企业财务管理 [M]. 重庆：重庆大学出版社，2022.

[9] 王燕会，狄雅婵. 互联网环境下的企业财务管理研究 [M]. 长春：吉林人民出版社，2022.

[10] 王玉珏，聂宇，刘石梅. 企业财务管理与成本控制 [M]. 长春：吉林人民出版社，2019.

[11] 夏迎峰，陈雅宾，田冉黎. 企业财务会计 [M]. 北京：北京理工大学出版社，2021.

[12] 徐静，姜永强. 企业财务管理与内部控制体系构建 [M]. 长春：吉林出版集团股份有限公司，2018.

[13] 尹燕婷，范玲. 企业会计监管与财务管理 [M]. 延吉：延边大学出版社，2022.

[14] 于艳. 企业财务管理实践应用 [M]. 北京：中国纺织出版社，2019.

[15] 袁健，陈俊松，李群. 财务会计精细化管理工作与实践 [M]. 长春：吉林人民出版社，2022.

[16] 朱竞. 会计信息化环境下的企业财务管理转型与对策 [M]. 北京：经济日报出版社，2019.

[17] 庄小欧. 企业财务分析 [M]. 北京：北京理工大学出版社，2021.